解读劳动价值理论

主　　编　闫　玉

副 主 编　孔德生　王雪军

本册作者　于　元

中华工商联合出版社

图书在版编目（CIP）数据

解读劳动价值理论 / 于元编著. --北京：中华工
商联合出版社，2014.3

ISBN 978-7-5158-0863-5

Ⅰ．①解… Ⅱ．①于… Ⅲ．①劳动－价值论－青年读
物②劳动－价值论－少年读物 Ⅳ．①F014.2-49

中国版本图书馆 CIP 数据核字（2014）第 036044 号

解读劳动价值理论

作　　者：于　元
出 品 人：徐　潜
策划编辑：魏鸿鸣
责任编辑：林　立
封面设计：徐　超
责任审读：郭敬梅
责任印制：迈致红
出版发行：中华工商联合出版社有限责任公司
印　　刷：固安县云鼎印刷有限公司
版　　次：2014 年 4 月第 1 版
印　　次：2021 年 10 月第 2 次印刷
开　　本：155mm×220mm　1/16
字　　数：76 千字
印　　张：10
书　　号：ISBN 978-7-5158-0863-5
定　　价：38.00 元

服务热线：010－58301130
销售热线：010－58302813
地址邮编：北京市西城区西环广场 A 座
　　　　　19－20 层，100044
http://www.chgslcbs.cn
E-mail：cicap1202@sina.com（营销中心）
E-mail：gslzbs@sina.com（总编室）

目 录 *Contents*

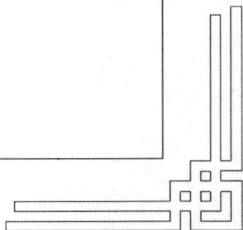

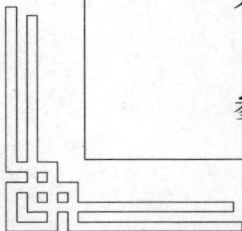

一、马克思创立劳动价值理论的背景

（一）时代的呼唤

马克思生活在 19 世纪 20—80 年代，那时正是欧洲资本主义经济迅速发展，社会经济矛盾日益加深的历史时期。

从 16 世纪开始，欧洲进入资本主义时代。到 19 世纪三四十年代，欧洲许多资本主义国家经过产业革命，发展到了机器大工业生产阶段。

大工业的发展一方面使生产力越来越社会化，

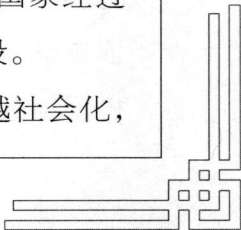

另一方面加剧了资本主义的竞争，使社会财富越来越集中到大资本家手里，而无产阶级的失业率和贫困程度越来越严重了。

在这种情况下，必然使资本主义基本矛盾——生产社会化和生产资料的资本主义私人占有之间的矛盾越来越尖锐。这种矛盾终于在社会再生产中集中爆发，从而导致了经济危机。再生产分为简单再生产和扩大再生产，前者指生产在原有规模上重复，后者则是生产总量比原来增加了。

1825 年 7 月，英国爆发了第一次经济危机。这次危机是从货币危机开始，股票行情猛烈下跌，仅到 1826 年年初，股票跌价造成的损失就高达 1400 万英镑，银行纷纷倒闭。1825 年年底，著名的英格兰银行的黄金储备从 1824 年年底的1070 万镑降至 120 万镑。1825～1826 年间，英国共有 70 多家银行破产。1826 年工业危机达到高潮，大量商品卖不出去，物价暴跌，大量工商企业破产。1825 年 10 月至 1826 年 10 月，破产的工商企业共有 3500 多家。1824～1826 年间，英国出口产品棉布从 3.45 亿码降为 2.67 亿码，减少了 23%。机器制造业、建筑业以及其他所有的行业都遭到了危机的沉重打击。整个社会处于极度的恐慌和混乱之中。除英国外，其他资本主义国家也不同程度地爆发了经济危机。

自从 1825 年资本主义爆发第一次经济危机后，大约每隔 10 年就周期性地发生一次。经济危机给经济造成了巨大的损失，给无产阶级和广大劳动人民带来了深重的灾难，从而推动无产阶级走上反抗资产阶级的道路。

工人的斗争最初表现为自发地破坏资本家的机器，后来发展到独立的政治运动。

1831 年和 1834 年，法国纺织工业中心里昂两次爆发了工人武装起义，要求提高工资；1836年，英国无产阶级发动了宪章运动，要求政治改革；1844 年德国西里西亚纺织工人举行了武装起义，要求改善工人的处境。这些工人运动如火如荼，标志着无产阶级与资产阶级的斗争成为欧洲发达资本主义国家的中心问题。

资本主义经济和阶级斗争的发展，将科学地分析资本主义生产方式的客观规律的任务提到了无产阶级面前，马克思正是适应这种历史大潮而创作出《资本论》。

在《资本论》这部伟大著作中，马克思创立

了科学的劳动价值理论，深入分析了当时资本主义经济发展的内在规律，揭示了资本主义经济和社会的基本矛盾，形成了完整的价值理论体系。

（二）古典劳动价值理论

从历史上看，在中世纪神学家马格努和阿奎那的"公平价格"概念中，曾把商品价格与劳动联系起来，实际上已开始把商品价值与劳动放在一起思考了。

中世纪又称中古时代，是欧洲历史上的一个时代，由西罗马帝国灭亡开始到东罗马帝国灭亡。

在中世纪，欧洲没有一个强而有力的政权来统治。那时，封建割据带来频繁的战争，造成科技和生产力发展停滞，人民生活极为痛苦。因此，中世纪又称"黑暗时代"，是欧洲文明史上发展缓慢的时期。

托马斯·阿奎那（1225～1274 年）出身于意大利一个伯爵家庭，是当时神学的正统派多米尼哥僧侣派的成员。他年轻时曾在意大利的蒙德·

噶西诺修道院和那不勒斯大学学习，并曾跟随当时著名的神学家马格努研究哲学。从 1252 年起，他在巴黎等地讲学。1259 年，他担任罗马教廷的神学顾问和讲师，名噪一时。他的主要著作《神学大全》被认为是中世纪经院哲学的百科全书，是权威性的神学著作。《神学大全》中有一部分属于经济学说。

封建时代的教会思想家都是维护自然经济，反对商品经济的，但他们却无法取消商品生产和商品交换。而且，为了保证教会对经济生活的统治权，他们还必须研究和解决商业实践中的一些具体问题，首先就是商品交换应当依据什么原则来进行的问题。为了解决这个问题，他们援引亚里士多德关于商品交换中的公平问题的见解，把早期基督教思想家奥古斯丁提出的"公平价格"概念发展成一整套理论。

在中世纪，对公平价格做了详细研究的就是马格努和他的学生阿奎那。

马格努在注释亚里士多德的《伦理学》时，发展了亚里士多德关于交换必须在平等基础上进行的观点。在亚里士多德的"五张床＝多少间屋"的等式中，实际上已经隐含了它们之所以相等，

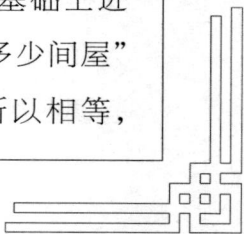

是因为生产它们时所耗费的劳动相等这层意思，但由于时代条件的限制，他却错误地把它们相等的原因归结为货币。而马格努根据对生活中商品交换现象的观察，把商品交换的平等的基础归结为交换双方耗费了相等的劳动。因为在马格努所处的时代，停滞的自然经济占统治地位，商品交换一般都是在商品生产者之间直接以物物交换的方式进行的，几乎不用商人做中介，因此人们对于自己生产的商品和所要交换的商品各自耗费了多少劳动都是清楚的，交换的比例便根据耗费的劳动量来决定了。马格努根据这种事实，认为公平价格就是生产上耗费劳动相等的价格。因为如果生产者在交换中不能补偿自己的劳动耗费，他就无法继续进行生产了。可见，马格努已看到商品价格与劳动耗费的联系了。

阿奎那在一定程度上接受了马格努的观点，从而把公平价格看作是商品与商品或商品与货币之间的均等，并且承认这种均等指的是生产商品时所耗费的劳动量。他说，人们在用房屋和鞋子交换时，应当为房屋多付出代价，因为造房屋的人在劳动的耗费和货币的支出上都超过鞋匠。他强调在买卖中支付的价格必须是公平的。他反对贱买贵卖，认为在买卖中双方都不应当吃亏，主张按与劳动量相符的公平价格来进行交换。阿奎那维护封建主的利益，反对商人贱买贵卖。因为商人的不等价交换，一方面是对农民和手工业者的榨取，另一方面也是对封建主的剥削收入的一种分享和夺取。

15 世纪末到 17 世纪中叶之间，随着重商主义盛行，一些学者为了适应商业资本的需要，只注意价格而忽视了对价值的探讨，更谈不上在劳动价值理论方面有什么研究了。

此后，随着资本主义的发展，古典经济学派又在价格表面现象的后面寻求其内在基础，开始涉猎劳动价值理论。

配第是最早提出劳动创造价值的资产阶级古典经济学家，是他最先提出了劳动价值理论方面的一些基本观点。

配第代表新兴产业资本家的利益著书立说，为他们出谋划策。他在研究赋税时探讨了经济学的一些基本范畴，在寻找不断变动的市场价格背后的基础时提出了"自然价格"。他认为如果一个人生产一蒲式耳小麦所用劳动时间和从秘鲁银矿中生产一盎司白银并运来伦敦所需劳动时间相等

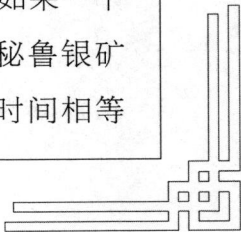

的话，后者便是前者的自然价格，也就是一蒲式耳小麦值一盎司白银。

蒲式耳是一种定量容器，像我国旧时的斗、升等计量容器，在英国及美国通用，主要用于量干货，尤其是农产品的重量。1 蒲式耳大麦＝48 磅，约 21.77 公斤；1 蒲式耳玉米＝56 磅，约 25.40 公斤；1 蒲式耳小麦或大豆＝60 磅，约 27.22 公斤。

盎司是英制重量计量单位，等于一磅的 1/16，旧时称英两或啢。

这样，配第就成为近代最先提出劳动决定价值原理的人。配第还指出价值量与劳动时间成正比，与劳动生产率成反比。他的这些理论都被马克思继承了。

配第在研究经济时，把分析从流通领域转向了生产领域，最终摆脱了重商主义的影响，奠定了英国古典政治经济学的基础。

配第生于英国汉普郡一个毛纺织手工业者家庭，14 岁开始独立谋生。他当过水手、家庭教师、海军士兵、医生。1644—1645 年在荷兰莱顿大学攻读医学，后来行医，继续研究医学，于 1649 年获牛津大学医学博士学位，兼任皇家医学院教授。1662 年，因为他在经济方面的卓越贡献，被选为英国皇家学会会员。

1773 年，英国经济学家亚当·斯密的《国富论》基本完成。1776 年 3 月此书出版后引起轰动，影响所及除了英国本地，连欧洲大陆和美洲也为之疯狂，世人尊称斯密为"现代经济学之父"。

斯密继承和发展了配第的劳动价值理论，指出"劳动价值是衡量一切商品交换价值的真实尺度"，他还提出了购买劳动价值理论，工资、利润、地租三种收入决定论。

斯密指出，价值涵盖使用价值与交换价值，前者表示特定财货之效用，后者表示拥有此一财货后用以获取另一财货的购买力。他说，货币的首要功能是流通手段，持有人持有货币是为了购买其他物品。当物物交换发展到以货币为媒介的交换后，商品的价值就用货币来衡量了。这时，便产生了货币的另一功能——价值尺度。

斯密也谈到货币的储藏功能和支付功能，他特别强调的是货币的流通功能。

李嘉图是英国资产阶级古典政治经济学的主要代表之一，也是英国资产阶级古典政治经济学

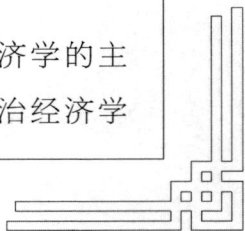

的完成者，他继承并发展了斯密的自由主义经济理论。

李嘉图在斯密的基础上又前进了一步，认识到劳动决定价值，不仅指活劳动，而且还包括物化劳动。李嘉图劳动价值理论在古典学派的范围内达到了最高成就。

李嘉图生于犹太人家庭，父亲是证券交易所经纪人。李嘉图 12 岁到荷兰商业学校学习，14 岁随父从事证券交易。1793 年，他独立开展证券交易活动。25 岁时，他就拥有 200 万英镑财产。经济条件允许后，他开始专心钻研数学和物理学。1799 年，当他读完斯密《国富论》后，又开始专心研究经济问题。1817 年，发表《政治经济学及赋税原理》。1819 年，被选为上议院议员。他的理论研究达到资产阶级界限内的高峰，对后来的经济思想有重大的影响。

（三）共创辉煌

马克思在批判地吸收资产阶级古典劳动价值

理论的基础上，以处于资本主义初期的英国等欧洲资本主义国家的社会经济实际为研究对象，从分析商品入手，发现了商品的二因素和劳动两重性原理。

马克思明确提出商品的价值由抽象劳动所创造，价值量决定于生产该商品所需要的社会必要劳动时间，价值量与社会劳动生产率成反比。

马克思运用劳动价值理论分析了资本主义的生产、交换、分配、消费，发现了剩余价值规律，从而创立了科学的劳动价值理论体系。

劳动价值理论从中世纪"公平价格"所体现出的思想萌芽开始，经过资产阶级古典政治经济学家的努力，到马克思时才最后使其发展到了辉煌的顶点，代表了人类从农业经济时代到资本主义初期对价值问题探索的最高成就。

劳动价值理论是一门社会科学，它具有鲜明的阶级性，这是由它的研究对象本身的特点所决定的。

劳动价值理论的研究对象一般是社会生产关系及其运动的规律性，而生产关系归根结底是一种物质利益关系。在阶级社会里，生产关系表现为一定的阶级关系，由于人们阶级地位和经济利

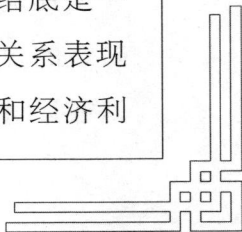

益不同，他们对社会经济现象所做的分析也不同。对于某种特定性质的生产关系，各个阶级都从本阶级的利益出发，采取拥护或是反对的态度。因此，劳动价值理论必然具有阶级性，不同的阶级都有为本阶级利益服务的、主张完全不同的劳动价值理论。资产阶级有资产阶级的劳动价值理论，小资产阶级有小资产阶级的劳动价值理论，无产阶级有无产阶级的劳动价值理论。

无产阶级的劳动价值理论即马克思主义劳动价值理论，为对立阶级的利益服务的统一的劳动价值理论是根本不存在的。

劳动价值理论既然具有鲜明的阶级性，因而它是否具有科学性则要进行具体的分析，不能一概而论。凡是能够反映经济关系的本质，揭示客观经济规律的劳动价值理论，就是科学的劳动价值理论，否则就是不科学的劳动价值理论。

对于同一个经济现象和经济过程，各个不同的阶级尽管有完全不同的看法，提出各种不同的理论，但真理只能有一个。

凡是真理都具有客观性，它既不以任何一个阶级的意志和利益为转移，也不因某个阶级不承认或反对它而失去其真理性。

马克思主义劳动价值理论是阶级性和科学性的统一。它既代表和体现着无产阶级的利益，是一门具有无产阶级的阶级性的科学；又揭示了人类社会发展的客观规律，是一门具有高度科学性和真理性的科学。

马克思以科学的态度去探索、认识和反映社会经济发展的客观规律性，并把它如实地、科学地揭示出来，这就为苦难中的工人指明了道路，有利于无产阶级实现社会主义和共产主义的历史使命。

马克思的经历可比马格努、阿奎那、配第、斯密和李嘉图丰富有趣多了。

1848年欧洲大革命失败后，30岁的马克思到了巴黎。他认真地总结了革命失败的经验教训，认识到要建立无产阶级政权，必须打碎旧的国家机器，建立无产阶级领导的工农联盟。这对于指导今后的工人运动具有重要的历史意义。

由于马克思领导了工人运动，在欧洲大陆已经无处容身，成为巴黎不受欢迎的人。

1849年夏末，巴黎警察来到马克思在巴黎的住处百合花大街45号，向马克思宣读了"驱逐出境"的命令。

接到驱逐令后，马克思毫不犹豫地携带 4 岁的大女儿小燕妮、3 岁的二女儿劳拉和妻子燕妮·马克思迁至英伦三岛的雾都伦敦。

开始，他们住在伦敦安德森大街 4 号，每周房租 6 英镑，这对马克思一家来说简直是不堪重负了！

不久，因为拖欠房租，房东叫来警察，收走了马克思一家的全部东西，甚至连婴儿的摇篮、女儿的玩具也没给留下。

马克思全家搬进伦敦累斯顿大街的一个廉价旅馆，租金每周 5 镑，但不久又因拖欠房费被老板赶走了。

1850 年 5 月，马克思全家搬进迪安大街 45 号。没住多久，又因拖欠房租迁到了这条大街的 28 号，一家人挤进了两间狭窄的小房间里。

这时，恩格斯给予了马克思一家慷慨的资助。

这年的 12 月，为了撰写《资本论》，马克思领到了一张英国伦敦博物馆的阅览证。从此，阅览室成了他的半个家，他每天从上午 9 点一直工作到晚上 8 点左右，回家后还要整理阅读材料时所记的笔记，到深夜二三点钟才休息。

马克思每天所摘录的大量资料，都是为写作

《资本论》做准备。

早在 1843 年，马克思就开始研究政治经济学了。由于参加革命斗争，他一直无暇从事著述。这次到了伦敦后，他才有时间把主要精力用到《资本论》的写作上。

在世界一流的伦敦博物馆所藏图书中，马克思读过的书有 1500 多种，读书笔记有 100 多本。为了更好地完成《资本论》的著述，他广泛收集有关各学科的资料。

1856 年 10 月，马克思迁居伦敦西北肯蒂士镇，这里离伦敦博物馆更远了。但马克思仍在不知疲倦地工作着，从未间断工作，没日没夜地在博物馆里忙着。不管刮风下雨，马克思从未因天气不好而不到博物馆去。经过 17 年的努力，《资本论》第一卷终于在 1867 年出版了。

《资本论》的出版是国际共产主义运动史上的一件大事，它迎来了无产阶级斗争的新局面。在这部书中，马克思首先提出了劳动价值理论，通过大量事实详细而深刻地分析了资本主义的发展历史，揭穿了资本主义迅速发展的秘密，暴露了资本主义残酷剥削工人阶级的丑恶本质，也指出了工人阶级之所以极其贫困的原因。

　　有人认为工人干活，资本家付钱，这是天经地义的事。马克思说这是错误的，工人干活，资本家付给他钱，看来这并没有什么不对，但实际上这不是"等价交换"。工人为资本家劳动所创造的财富远远大于他们所得的报酬。例如：一个工人一天劳动所得为 10 元钱，而他在一天之内为资本家所创造的利润远远不止 10 元，有的是 20 元，有的是 30 元，还有的更高，这怎么能是"等价交换"呢？那些多余的部分，即这个工人工资之外的更高的数额，都被资本家无偿地剥削走了。马克思把这笔账算清以后，资本家剥削工人的本质、手段、诀窍就给暴露出来了。这使得广大工人阶级认清了资本家的剥削方法，从而为自己争取更高的工资待遇准备了充足的理由。

　　马克思在《资本论》中指出，资本主义必然灭亡和无产阶级的必然胜利都是不可改变的，是历史发展的必然趋势。这就为无产阶级的革命斗争提供了理论武器，增强了无产阶级革命斗争的决心。

　　在《资本论》中，马克思科学地阐述了劳动价值理论，揭示了商品与货币之间的神秘规律，指出了纷繁复杂的经济活动背后隐藏着的深层规律，因而像太阳一样照亮了世界，使人们拨云雾而见青天。

马克思生前曾说："劳动价值理论是我对政治经济学的最大贡献。"

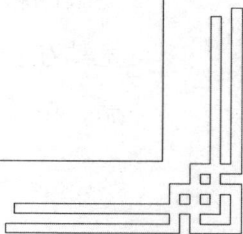

二、什么是商品

（一）具备哪些条件才能称为商品

　　商品属于商品经济的范畴，马克思认为研究商品经济必须从商品开始。

　　商品对于人们来说并不陌生，因为我们天天要和商品打交道：从菜市场买来的菜、从粮油店买来的粮食、从百货公司买来的衣服等都是商品。尤其在资本主义社会，生产资料和消费资料是商品，就连工人的劳动力也成了商品。

有人说："有用的东西就是商品。"其实，这是大错特错的，并不是任何一种有用的东西都是商品，所谓商品是指用来交换、能满足人们某种需要的劳动产品。

如果仅仅是为了满足自己的需要而生产的产品，或者是没有经过人类劳动加工而天然存在的有用的东西，如原始森林中的树木、江河里的水、宇宙间的空气等，这些都不是商品。

作为商品，首先必须是劳动产品，如果不是劳动产品就不能成为商品，如自然界中的阳光和上面提到的原始森林中的树木等，虽然是人类生活必需的，但这些都不是劳动产品，因此不能叫作商品。

在原始社会，由于生产力低下，人们获得的产品全部用于原始公社成员自己消费。在那种条件下，是不存在商品生产的。

商品必须要用于交换，如果不用于交换，即使是劳动产品，也不能叫商品。在封建社会中，生产出来的产品主要用于满足自己家庭成员的需要。这些自给自足的产品，虽然也是劳动产品，但由于它们并不用于交换，不供他人使用，所以也不是商品，如农民种的棉花、纺的纱、织的布，只供自己消费，而不是用于和别人交换其他一些产品，那就不是商品。

至于封建社会中农民用来交纳地租的粮食，虽然不是农民自己消费的，但它是无代价地交给地主的，并不经过买卖，因此也不是商品。

在服装厂里，生产着大量的服装，但不是为本厂工人自己生产的，这些生产出来的产品都是为了销售，供他人使用。这些为了交换而生产的服装才是商品。

商品对他人或社会有用，没有用就不会发生交换，有用才能发生交换。

（二）社会经济形式的三个阶段

提到商品，不能不提商品经济；提到商品经济，又不能不提自然经济。那么，什么是自然经济，什么是商品经济呢？

人类要生存，必须解决吃饭、穿衣、住宿等基本生活问题，必须有食物、衣服、燃料、住房以及其他各种物质和文化生活资料。

为了获得这些物质和文化生活资料，人们必须从事各种各样的生产活动。由于人们从事各种各样的生产活动，也就是发展经济，人们才能活着，才得以一代一代地延续到今天。

社会经济形式的发展有三个阶段：自然经济、商品经济和产品经济。

自然经济和商品经济是迄今为止人类社会已经经历和正在经历的两种基本经济形式。按照马克思的设想，未来的共产主义社会将进入产品经济阶段。

商品经济是以交换为目的，以商品生产和商品交换为主要内容的经济形式。

在人类最初的社会，即原始社会里，是不存在商品经济的。那时生产力低下，没有真正的社会分工，社会成员之间平均分配产品，因而没有交换产品的条件，也就是没有足够的剩余产品用来交换。

原始社会末期，随着生产力的发展，出现了按不同产品种类划分的社会分工。

在适于农业的地方，农业逐渐成为主要的生产部门；而在草原地区，人们则专门从事畜牧业。这是第一次社会大分工。

后来，手工业又从农业中分离出来，成为一个独立的生产部门。这是第二次社会大分工。

社会分工的出现，不同种类产品之间的交换就势在必行了。于是，由公社之间偶然彼此交换多余的产品发展成为经常性地产品交换。

社会分工和产品交换的产生和发展促进了私有财产的产生和发展。

从事畜牧业的部落与从事农业的部落彼此交换产品时，双方都由首领主持，首领渐渐地把交换的产品留下来。久之，这些产品便变成了私人财产。

这时，随着铜和铁等金属工具的使用，劳动生产率提高了，为一家一户单独进行生产创造了条件。原来以氏族为单位的集体生产，逐步分解为以家庭为单位的个体小生产。

不久，产品多了，有了剩余，交换范围越来越大，从而出现了商品经济。可见，商品经济是社会生产力长期发展的产物。

商品经济的产生决定于两次社会分工使生产者互相依赖，到对方去换自己不便生产的产品。

商品经济的出现有两个条件：一是社会分工，二是私有制。

彼此需要对方的产品，从而使商品交换具有必要性。社会分工是商品经济产生的前提条件，但决定性的条件还有私有制。由于私有制，生产资料和劳动产品分别属于不同的所有者，各自有其独立的经济利益，彼此都不愿把产品无偿地交给别人，这就使对等交换具有必然性了。

商品经济从原始社会末期产生开始，经奴隶社会、封建社会，在长达几千年的历史过程中，虽然处于从属地位，但它始终没有停步不前，而是一直在发展着。

到了资本主义社会，商品经济才由从属地位上升为统治地位，成为资本主义经济的一般形式。

恩格斯说："一个家庭不仅从事农业和畜牧业，而且还把农牧业收获加工成现成的消费品……以致家庭或家庭集团基本上可以自给自足。"（《马克思恩格斯全集》第 25 卷，第 1015—1016 页）

列宁说："在自然经济下，社会是由许多单一的经济单位（家长制的农民家庭、原始村社、封建领地）组成的，每个这样的单位从事各种经济工作，从采掘各种原料开始，直到最后把这些原料制成消费品。"（《列宁选集》第 1 卷，第 161 页）

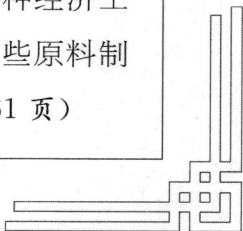

可见，自然经济是自给自足的经济。它的基本特点如下：

第一，自然经济的生产目的是直接满足生产者个人、家庭式经济单位（如原始公社、封建庄园等）本身的需要，而不是为了将生产的产品投入社会交换。每一个生产者或经济单位利用自身的经济条件，几乎生产自己所需要的一切产品，所有衣食住等方面的一切生活必需品都是自给自足的。在生产单位中，全部或很大部分生产要素（土地等自然资源除外）也都是在本经济单位内生产的，并直接从本经济单位的总产品中得到补偿，并进行再生产。

第二，自然经济具有封闭性，排斥社会分工，只有自然分工。所谓自然分工是指按照年龄和性别进行的分工，如老年人和妇女干轻活，青壮年干重活。中国古代社会的"男耕女织"就是典型的自然分工。在自然经济里，人们凭借大自然赐予的天然条件和自己的劳动，求得温饱。那时的生产规模虽小，但小而全。人们与外界很少有经济联系，至死不出乡，彼此虽然鸡犬之声相闻，但老死不相往来，这就是自然经济的封闭性。

第三，自然经济具有保守性，排斥生产的社

会化，把社会生产分割为范围不等的分散的生产单位，这就造成了生产者易于满足，因循守旧，不思进取。马克思说："这种生产方式是以土地及其他生产资料的分散为前提的。它既排斥生产资料的积聚，也排斥协作，排斥同一生产过程内部的分工，排斥社会对自然的统治和支配，排斥社会生产力的自由发展。它只同生产和社会的狭隘的自然产生的界限相容。"（《马克思恩格斯全集》第 23 卷，第 830 页）

第四，自然经济具有落后性，生产基本上是在简单再生产的水平上维持，尽管在漫长的历史发展过程中也有所前进，但却极其缓慢。它既无增加知识，引进技术，改进生产的内在动力，也没有外部竞争的压力。

自然经济是与生产力水平低下相适应的，它是一种落后的经济形式，它既是生产力不发展的产物，又阻碍生产力的发展。

自然经济是人类社会最早的一种经济形式，从采集狩猎时代到农耕手工时代，从原始社会到封建社会都是自然经济占统治地位的社会。

直到封建社会末期，随着生产力的提高，商品经济的迅速发展，自然经济才逐渐瓦解，并最

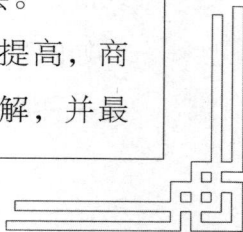

终为发达的商品经济所代替。但是，直到现在为止，在一些国家特别是一些不发达国家，自然经济还有很大的残余。在自然经济里，当然不会出现商品。

（三）商品生产和商品流通

商品经济是以交换为目的的经济形式，包括商品生产和商品流通，是商品生产和商品流通的统一。

恩格斯说："我们所说的'商品生产'，是指经济发展中的这样一个阶段，在这个阶段上，物品生产出来不仅是为了供生产者使用，而且也是为了交换的目的；就是说，是作为商品，而不是作为使用价值来生产的。"（《马克思恩格斯选集》第 3 卷，第 381 页）

列宁说："所谓商品生产，是指这样一种社会经济组织，在这种组织之下，产品是由个别的、单独的生产者生产的，同时每一生产者专门制造某一种产品，因而为了满足社会需要，就必须在

市场上买卖产品（产品因此变成了商品）。"（《列宁全集》第 1 卷，第 77 页）

马克思说："一切商品对它们的所有者是非使用价值，对它们的非所有者是使用价值。因此，商品必须全面转手。这种转手就形成商品交换。"（《马克思恩格斯全集》第 23 卷，第 103 页）这是说商品生产是为了以交换为目的，通过市场上买卖，以满足社会需要的产品生产。商品交换是商品的相互让渡和转手。

商品交换包括物物直接交换和以货币为媒介的商品交换，以货币为媒介的商品交换就是商品流通。

商品生产和商品流通是社会再生产的两个重要环节，二者互为条件，互相依存。没有商品生产，商品流通不可能存在；没有商品流通，商品生产也不能进行，二者互相影响，互相促进。

商品生产对商品流通起主导的决定作用，商品生产的性质、规模和方式决定商品流通的性质、规模和方式。

商品流通能反作用于商品生产，如果商品流通畅通无阻，商品生产就能顺利进行；反之，就会阻碍商品生产的发展。

总之，商品生产和商品流通是辩证的统一，而商品经济就是两者的统一体。

（四）商品经济的特点

商品经济的主要特点如下：

第一，商品经济是交换经济。在商品经济条件下，商品生产者追求的不是使用价值，而是交换价值，他们以获取更多的利润和货币收入为直接目的。在商品经济中，全部或大部分生产要素都是通过市场交换取得的，并在交换中通过产品价值的实现得到补偿，从而为再生产创造条件。

第二，商品经济是开放型的经济。在商品经济中，商品是以社会分工为基础的，它的发展趋势是把每一种产品，甚至每一种产品的每一部分的生产都变成专门的生产，形成一个部门。商品生产强调生产过程中的广泛协作，使人与人之间的经济联系随着社会分工的发展而日益紧密，范围也日益扩大。因此，商品经济反对闭关自守，要求开放，包括对内开放和对外开放。

第三，商品经济是开拓性的经济。商品生产者为了追求更多的价值，并在优胜劣汰的竞争中取胜，无不努力进取，用心拼搏。他们在内在动力和外在压力的推动下争先恐后地改进技术，提高生产率，不断地开拓，不断地创业。

第四，商品经济是以扩大再生产为标志的经济。商品生产者为了获得更多的利润和在竞争中处于有利地位，必须不断地增加投入，扩大生产规模，从而推动社会生产迅速发展。商品经济是与较为发达的社会生产力相联系的经济形式，它既是生产力发展的产物，又为生产力的进一步发展开辟了广阔的天地。

商品经济是比自然经济进步的经济形式，但还不是最发达的经济形式。按照马克思的设想，未来最发达的经济形式是产品经济。

在商品经济中，生产关系是资本主义的生产关系。那么，资本主义的生产关系是怎样出现的呢？

资本主义的生产关系是在封建社会内部逐渐产生的。在封建社会后期，日益发展的商品生产催生了资本主义生产关系。

首先，商品的不断生产使封建社会中的小商

品生产者发生两极分化，产生了资本主义企业主和工人。

在封建社会末期，为交换而生产的商品越来越多。封建社会中的商品生产是一种以私有制和个体劳动为基础的简单商品生产，进行这些简单商品生产的是小商品生产者。当小商品生产者拿着自己的产品到市场上去卖的时候，有的能卖出去，有的却卖不出去。由于各个商品生产者的生产条件不一样，因而各个商品生产者在同样劳动时间里所生产的商品量各不相同，也就是说，各个商品生产者生产同样商品所耗费的劳动量各不相同。那些掌握着较好的生产工具、劳动熟练程度较高、体力和技术较好的生产者生产同样的商品所耗费的劳动量就少，而另一部分掌握着较差的生产工具、劳动熟练程度较低、体力和技术都不如别人的小商品生产者生产同样的商品所耗费的劳动量就多。各个商品生产者生产同类商品所费的劳动量虽然多寡不同，但同类商品只能按照平均劳动耗费出售。结果，小商品生产者开始出现两极分化。一些生产条件差、个人劳动耗费高于平均劳动耗费的商品生产者，出售商品时就处于劣势地位，只能补偿一部分劳动耗费，因而渐渐破产；那些生产条件较好、个人劳动耗费低于平均劳动耗费的商品生产者，在出售商品时就处于优势，因而日益富裕。前者是大多数，后者是少数。大多数人越来越穷，逐步变成无产者；而另一小部分人却越来越富，逐渐变成企业家。

在小商品生产者两极分化和资本主义生产关系产生的过程中，商业资本也起了很大的作用。商人原来是商品交换时的中介人，靠收取中介费发了财。后来，他们开始定期向小生产者收购他们生产的产品，然后拿到市场上去出售。这样，商人变成了包买商。包买商进而又发展到直接将原料甚至劳动工具贷给小生产者，以低价预购小生产者的成品作为条件，要小生产者按期、按质、按量、按品种、按规格为他们生产商品。这样，小商品生产者在经济上就依附于商业资本，完全为商人所控制，逐步变成了雇佣工人，而商人自己也就逐步变成了工业资本家。

在封建社会中，几乎所有的国家都有过行会制度。行会是为抵制竞争而出现的手工业里的封建组织形式。行会严密地保护它的成员从事手工艺的特权，并且规定了各项规程，如要求它的成员遵守多年固定下来的传统的生产方法、按规定的原料生产，必须保证一定的成品质量，不许擅改成品的价格等。这种行会有同一地区的，也有同一行业的。在行会里掌权的是师傅，他们说一不二。行会由于对手工业生产作了各种严格的规定，束缚了生产者的主动性以及技术的发展，阻碍了竞争，因而在一定程度上阻止了小商品生产者的两极分化。但随着商品生产的发展，出现了两极分化。这时，一部分行会师傅唯利是图，见钱眼开，便不顾行会规定，任意增加帮工和学徒。帮工和学徒的大量增加使得他们在实际上已经不可能成为独立的师傅，只得终身充当雇佣劳动者，而师傅则加紧剥削他们，也成了企业主。

农村中封建生产关系的瓦解，也是和商品生产联系在一起的。随着商品生产的发展，货币的权力越来越大，封建主把农民的劳役地租和实物地租改为货币地租。农民为了交纳货币地租，必须把自己生产的产品拿到市场上去换成货币。这样，日益加深了农民对市场的依赖，加速了农民的分化过程。大多数农民逐渐沦为雇农，少数人则上升为富农，进而转化为农业资本家。

这样，由于上述几种原因，资本主义的雇佣关系，也就是资本主义的生产关系就出现了。

（五）从商品分析入手

马克思对资本主义生产关系的研究，首先是从分析商品开始的。为什么要从商品开始呢？有下面几个原因：

商品生产在资本主义社会得到了充分的发展，成为占统治地位的生产形式，不仅各种生产资料和消费资料都表现为商品，而且人的劳动力也成为商品。商品在资本主义社会中是最普遍的现象，资本主义占统治地位的社会财富表现为"庞大的商品堆积"（《资本论》第 3 页）。因此，研究资本主义生产关系时必须从最普遍的占统治地位的商品出发，认真把握住这个普遍的存在形态，才能深刻揭示出资本主义社会最本质的东西。

商品孕育着资本主义社会一切矛盾的胚芽。在资本主义社会，商品是资本主义社会"财富的元素形式"（《资本论》第 3 页），成为资本主义经济的细胞。商品这个细胞的内在矛盾包含着资本主义生产方式中一切矛盾的胚芽。因此，只有从

分析商品开始，弄清商品的内在矛盾以及这一矛盾的发展规律，才能揭示资本主义社会各种矛盾的具体内容及其发展的辩证过程，从而把握资本主义经济运动的总体，阐明资本主义制度必然要被社会主义制度所代替的历史规律。

商品是资本主义生产方式的历史前提。从社会经济发展的历史过程来看，资本主义生产方式是在简单商品经济的基础上产生和发展起来的。随着商品经济的不断发展，在封建社会末期，小商品生产者的两极分化导致了封建经济关系的解体和资本主义经济关系的产生。因此，只有首先从分析商品开始，才能了解资本主义产生的历史前提和经济基础，才能把握资本主义产生、发展和灭亡的规律，从而深刻地认识资本主义。

由此可见，马克思研究资本主义生产关系，首先从分析商品开始，并不是随意选择的，而是由马克思研究资本主义经济时所运用的辩证唯物主义和历史唯物主义的世界观与方法论决定的，是完全符合从简单到复杂，从抽象到具体的分析方法的。马克思正是把商品作为分析资本主义生产关系的起点，建立起完整的政治经济学的科学体系，从而在理论上把资本主义生产关系再现出来，并且深刻地揭露出资本主义的一切矛盾及其发展规律。

商品是随着社会分工和生产资料私有制的出现而产生的，货币是商品交换发展到一定阶段的产物。商品和货币是资本主义市场经济的两大基本要素。在现代资本主义市场经济中，以市场为主体的经济行为和经济活动都是围绕着商品和货币展开的，人与人之间的经济联系也都采取了商品货币关系的形式，商品成了资本主义社会的经济细胞，包含着资本主义方式的一切矛盾的胚芽。商品和货币，及其基本经济规律，即价值规律，中心任务是阐明马克思的劳动价值理论。马克思正是以他的劳动价值论为基础建立起关于资本主义理论体系的。

研究资本主义的生产关系，有人认为应该首先弄清资本家是怎样剥削雇佣工人的，也有人认为首先应该搞清楚资本主义的经济危机是怎么产生的等。这些问题是需要弄明白的，但是要弄清楚这些问题，必须从分析商品入手。要了解资本主义，需要有入门的钥匙，而商品正是研究资本主义入门的钥匙。

在资本主义社会里，工人之所以受资本家剥

削，最根本的原因是资本家占有生产资料，而工人却一无所有。工人为了维持生活，只好出卖劳动力给资本家，并忍受资本家的剥削。要说明资本家如何剥削工人，就必须弄清楚资本家是怎样占有生产资料，又怎样把它作为资本来剥削工人的。资本家通过各种罪恶的手段，占有了大量钱币，然后买进用于生产的各种商品，包括劳动力，开始生产过程。工人为资本家生产了大量的价值，远远超过了劳动力自身的价值。要了解劳动力怎样成了商品，工人是怎样受剥削的，必须从研究商品入手。

我们要了解资本主义的经济危机是怎么产生的，首先也必须了解什么是商品。因为经济危机作为资本主义制度的一种特有的现象，它的最主要的表现是商品卖不出去。所以，要弄清经济危机，也得从分析商品入手。

商品是资本主义社会中最简单、最普遍、最基本、最常见的因素，是资本主义社会的经济细胞。只有从商品入手，才能抓住资本主义经济最基本的因素，步步深入，弄清资本主义的本质。

三、商品的两个因素

（一）使用价值

商品是用来交换的劳动产品。商品为什么可以用来交换呢？这是因为商品能满足人的各种需要。

例如，一个铁匠带着三把镰刀到市场，市场上有各种各样的东西，但铁匠只想要粮食，于是拿镰刀向一个农民换了二十斤粮食。镰刀和粮食的交换之所以能够成功，原因就在于粮食对铁匠

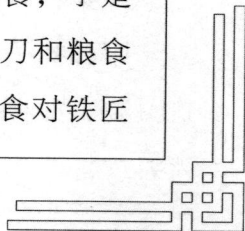

有用处，可以满足铁匠果腹的需要；镰刀对于农民有用处，可以用作收割粮食的工具。如果粮食没有果腹、镰刀没有收割的作用，那么，铁匠和农民谁也不会要谁的东西。

又如，我们到服装店里去买衣服，是因为衣服可以御寒；到菜市场去买菜，是因为菜可以食用；到商店里去买电视机，是因为电视机可以丰富我们的精神生活。

综上所述，一种劳动产品之所以能当做商品出售，是因为它具有一定的有用性。这种产品的有用性，即能满足人们某种需要的属性，马克思称之为商品的使用价值。

商品的使用价值是商品的一种属性，是它的第一个因素。

没有使用价值的产品尽管生产这些产品时花费了不少劳动，也不会有人要。

商品的种类极多，因为不同的商品具有不同的使用价值，所以能够满足各种不同的需要。有的商品可以满足人们维持生命的需要，如粮食和蔬菜；有的商品可以满足人们穿着的需要，如衣服和袜子；有的商品可以满足人们休养生息的需要，如楼房馆所等；有的商品可以用于自卫，如枪炮弹药等；有的商品可以用于装饰，如项链和戒指等；有的商品可以用于精神享受，如唱片、电视机等；有的商品可用作生产资料，如机器、煤炭、钢铁等。

产品的使用价值，是随着社会的发展，随着生产力的发展，而逐渐被人们认识和加以利用的。

例如：磁石具有吸铁的性能，但是这一性能不是一开始就为人所知的，只有在人们发现和认识了它之后，才加以利用，成为对人类有用的东西。

又如，煤在人们没有认识它的性质以前，只不过是黑色的石头。后来，人们在生活实践中知道煤是一种可以燃烧的东西，于是开始了有目的地开采。

一种物品的性能可以是多方面的，因而它对人有多种用途。一种物品的多种性能，构成它多方面的使用价值。

例如，拿石油来说，过去人们只知道它可以作燃料，可是现在石油已经成了工业的粮食，人们能从中提炼出上百种化工原料。

马克思说商品首先是能满足人们某种需要的有用物品。至于这种需要的性质如何，以及这种

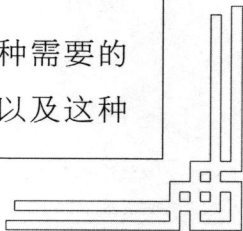

有用物品怎样来满足人的需要，不是我们研究的问题。

每一种有用物都可以从质和量两方面来考察：从质的方面看，每一种有用物可以有各种各样的用途，那是人们在长期的生产斗争和科学实验中不断发现的，如石油除了用作燃料外，还能制造化工产品。从量的方面看，衡量物品的社会计量单位也是多种多样的，或取决于物的性质，或因习惯不同，都是人们在历史上实践的结果，如一吨煤，一千两黄金，一百斤大米。

在分析了商品的有用性之后，马克思给使用价值下了一个简短的定义："物的有用性使物成为使用价值。"（《资本论》第48页）

使用价值是商品的自然属性，商品本身就是使用价值。

例如，小麦和铁，小麦可以食用，铁可以制造炊具。商品具有哪一种使用价值同人们生产它所耗费的劳动多少无关，即使生产同一个面包的劳动减少了19/20，它的用途仍然和从前一样。使用价值只有在使用或者消费中才能成为现实的使用价值，就像铁路只有通了车才是真正的铁路，暖气设备只有通了气才是真正的暖气一样。

　　无论在哪种社会里，使用价值总是构成社会财富的物质内容，因此使用价值本身并不反映生产关系，没有社会属性。但是在商品社会中，使用价值又是交换价值的物质承担者。

（二）交换价值

　　接着，我们要谈谈商品的价值。

　　既然只有通过买卖具有使用价值的产品才是商品，那么，商品就不仅能够满足人们的需要，而且还必须是一种能够用来互相交换的物品。商品的这种能够用来交换别种物品的性能，是商品的另一种属性。因此，商品除了具有使用价值外，还具有交换价值。使用价值和交换价值共存于一个商品中，构成了商品的两重性。

　　商品的交换价值是商品的第二个因素。

　　在商品生产之后，人们经常进行商品的互相交换。这种交换是不同的使用价值之间的交换，没有一个人会用大米去换同样的大米。具有不同使用价值的产品，在交换时有着一定的比例关系。

例如：20 个鸡蛋换 10 斤白面，这是 2∶1；1
把镰刀换 2 尺布，这是 1∶2。换句话说，就是 2
个鸡蛋值 1 斤白面，1 把镰刀值 2 尺布。一种使用
价值和另一种使用价值互相交换时数量上的比例
关系，就是商品的交换价值。这也就是说，商品
的交换价值是表现在两种商品相交换时的比例上
的。20 个鸡蛋换 10 斤白面，那么，10 斤白面就
是 20 个鸡蛋的交换价值，20 个鸡蛋则是 10 斤白
面的交换价值。同样，1 把镰刀的交换价值是 2
尺布，而 2 尺布的交换价值则是 1 把镰刀。由于
交换是不同使用价值之间的交换，所以，使用价
值又是交换价值的物质承担者。

在发达的商品生产时期，商品的交换不是直
接的物物交换，而是通过货币为媒介来进行的。
商品生产者先把商品换成货币，而后再用货币来
买自己需要的商品。但是，这种通过货币为中间
媒介的商品交换，说到底也是一种商品与一种商
品的交换，也具有一定的交换比例，只是这种交
换比例经过一个迂回，在直观上不能看到了。

随着时间和地点的变化，两种商品交换的比
例也会发生变化。

例如：今天在 A 地，20 个鸡蛋可以换 10 斤

白面；明天在 B 地，20 个鸡蛋可以换 15 斤白面，也可能换不到 10 斤白面。因此，从表面上来看，商品的交换价值只是一种偶然，其实并非如此。因为商品交换的比例无论如何因时因地发生变化，总不至于 1 个鸡蛋能换 10 斤白面，也不会 1 斤白面就能换 20 个鸡蛋。从较长时间和广大地区之间的交换来看，商品交换的比例大体上是差不多的。于是，聪明人发现在交换价值的偶然性后面暗藏着一种必然性。

既然商品的交换价值不是偶然的东西，而是带有一定的必然性，那么，商品交换时的数量比例又是由什么东西决定的呢？是商品效用的大小吗？不是。因为从使用价值方面来看，各种商品的质是不同的，如鸡蛋是用来吃的，布是用来穿的。不同质的东西在量上是不能互相比较的，只有相同的东西才能够比较。例如有三种物品，一件 50 公斤，一件 100 公斤，一件 150 公斤，人们之所以能够比较出这些东西的不同，就是因为它们有着一种共同的特性，这种共同的特性就是物体的重量。如果没有这种共同的东西，那么这三件物品的重量也就无法比较了。各种商品之所以能够在量上相互比较，从而能够按一定的比例相

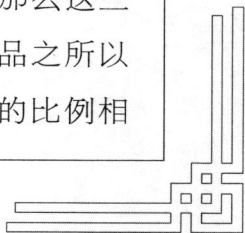

互交换，说明在它们之间也必定有着某种共同的或者同质的东西。可是，这种共同的或者同质的东西又不可能是商品的使用价值。那么，这种共同的东西究竟是什么呢？

在商品的使用价值上找不到各种商品之间的共同的东西，我们就应该把视野离开商品的使用价值，更深入地研究、分析商品的特性。原来，各种不同使用价值的商品，它们都是人类劳动的产品。在生产它们的时候，都花费了一定数量的劳动。这一点，是一切商品所共同的。一切商品都是人类劳动的产品，在一切商品之中都凝结着一定数量的人类劳动。这种凝结在商品中的人类劳动，形成了商品的价值。相互交换的商品中的共同的东西，就是价值。各种商品，作为使用价值，它们在质上是各不相同的，但作为价值，在质上是完全相同的，因此，在数量上就可以互相比较，从而可以按一定的比例互相交换，如1把镰刀之所以能够换2尺布，就是因为生产1把镰刀和2尺布耗费了同样多的劳动，在价值上是相等的。

对于价值，马克思从对使用价值的分析进而转向对交换价值的分析，然后从交换价值入手，逐步地揭示价值的实体。

马克思说："交换价值首先表现为一种使用价值同另一种使用价值相交换的量的关系或比例。"(《资本论》第 49 页）而这种比例是因时因地不断变动的，因此从现象上看交换价值似乎只是偶然的，相对的，以致有的资产阶级经济学家还断言任何东西都不可能有内在的交换价值。事实上，在偶然性的背后，存在着必然的东西。

商品的交换价值不过是各种商品包含的某种共同物的表现形式。某种商品可以和不同商品按照不同的比例来交换。例如：一公斤小麦可以和 X 量的鞋油，或 Y 匹的绸缎，或 Z 量的黄金交换，也就是说一个商品有许多价值表现。既然这些商品都是一公斤小麦的交换价值，彼此可以互相替代，这就说明同一种商品的各种有效的交换价值表示一个等同的东西，而交换价值不过是这个等同的东西的表现形式。

以小麦和铁为例，不管它们的具体交换比例是多少，总可以用下列公式来表示：一公斤小麦＝a 担铁。这个等式说明了在小麦和铁中有一种共同的又是等量的东西，它既非小麦，也不是铁，但是小麦或铁只要作为交换价值就必定能还原为

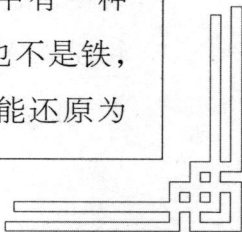

这个第三种东西。这第三种东西就是交换价值背后隐藏的内容。

各种商品内所包含的共同的东西，不能是商品的使用价值。因为在两个商品的交换关系上，明显的特征正好是抽去了它们的使用价值。当做使用价值，两个商品首先是异质的，不是共同物；而作为交换价值，两个商品却是同质而异量的，因此"作为交换价值，商品只能有量的差别，因而不包含任何一个使用价值的原子"（《资本论》第50页）。

把商品的使用价值抽去，剩下的是抽象的人类劳动。商品都是劳动产品，在生产它们的时候都耗费了一定量的人类劳动。因此把商品的使用价值抽象掉，它们就只剩下劳动生产物这一属性了。但这里所指的劳动生产物，是把它成为使用价值的物质成分和形状抽去，而仅就它的由劳动生产出来这一点来说的。桌子、房子、布等之所以有它们特殊的物质成分和形状，那是木匠、泥水匠、纺纱工等各种具体形态的有用劳动的成果。现在，既然把劳动产品的使用价值丢开，把它的物质成分和形状抽去，那么体现在这些产品中的劳动的具体形态和有用性也就被抽去了。它们已不再作为木匠的劳动、泥水匠的劳动、纺纱工的劳动来互相区分，而"全都化为相同的人类劳动，抽象的人类劳动"（《资本论》第 51 页）。

凝结在商品中的抽象的人类劳动就是商品的价值，隐藏在商品交换价值中的共同的东西就是价值。在两种商品的交换关系中，抽象掉了使用价值以后，从它们那里剩下的不过是一个像不可捉摸的幽灵似的客观对象——"无差别的人类劳动的单纯凝结"（《资本论》第 51 页）。这里所说的人类劳动，不外就是人类劳动力的支出，已经有人类劳动凝结在其中。"作为它们共有的这个社会实体的结晶，就是价值——商品价值"（《资本论》第 51 页）。商品的价值就是体现、物化、凝结在商品中的抽象的人类劳动。

所以，隐藏在商品交换关系或交换价值中的共同物——劳动量，就是商品的价值，而交换价值则是价值的表现形式。劳动量指劳动时付出了多少精力和心血。

这样，马克思就从形式到内容阐明了价值实体，价值实体就是指价值的内容而言的。

我们要把商品所具有的两种属性和构成商品的两个因素区分开来。有人以为商品的两重性就

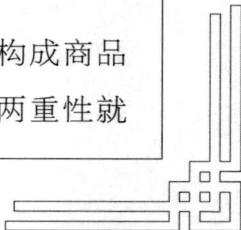

是商品的两因素，这是不准确的。构成商品的两因素不是使用价值和交换价值，而是使用价值和价值。因为交换价值是由价值决定的，价值是交换价值的基础，而交换价值只是价值的表现形式。商品是按照它们内在的价值来相互交换的。换句话说，交换价值即价格，它相对于价值来说，总是会上下略为浮动的。

综上所述，使用价值表示商品有什么用，价值表示商品值多少钱，但这个"钱"不是指商品价格，而是凝结在商品中的人类劳动量。

（三）第一人

把商品的两种属性和构成商品的两个因素加以区别，在整个经济学历史上，马克思是第一人。属性和因素是完全不同的范畴，不能不加以区别。作为属性，可以是表象的；作为因素，则必须是内在的、本质的。正是由于这种区别，才使得人们对于商品的认识变得非常深刻和全面，从而能够纠正以前资产阶级经济学者对于商品的错误理论。

马克思主义以前的经济学说，对于商品的使用价值和交换价值早就注意并从事研究了。但他们分辨不出商品的属性和因素的区别，不研究商品的因素问题。这样一来，就必然把商品的交换价值和价值混为一谈，商品就只是一种空洞的概念，而没有实质性的构成因素了。只有了解商品的两因素，才能把商品的交换价值和价值区分开来，才能明白交换价值是价值的表现形式，价值是交换价值的实体。这样，价值这个范畴才具有客观的社会性质，而不是主观的抽象概念了。

商品正因为具有这两种因素，它才表现出具有两种属性。使用价值这个因素是表明商品具有某种可以满足人们需要的有用性，它是一种物质属性；而价值这个因素则是表明商品具有一种可以按不同比例相互交换的价值性，这就是它的交换价值，是一种社会属性。

在分别考察使用价值和价值的基础上，马克思对这两方面进行了综合，指出商品是使用价值和价值的对立统一物。

一物如果不是劳动产品，它可以有使用价值而没有价值，所以不是商品。

一物有使用价值，也是人类劳动的产物，但如果这种劳动产品只是为了满足生产者的需要，它依然不是商品，没有价值。

一物要成为商品，它不仅要有使用价值，是劳动的产品，而且"产品必须通过交换，转到把它当做使用价值的人的手里"（《资本论》第 54 页）。

一物如果没有使用价值也就不能有价值，因为使用价值是价值的物质承担者。

（四）经济的细胞形式

以上分析说明商品和价值都属历史范畴，只有在一定的历史条件下，劳动产品才成为商品，劳动才表现为价值。

马克思把商品作为使用价值和价值的对立统一物来考察，在政治经济学上有重要的革命意义。在马克思以前，古典政治经济学也曾经区分过使用价值和交换价值，但完全是从概念出发的。

斯密说过："应当注意，价值一词有两个不同的意义。它有时表示特定物品的效用，有时又表示由于占有某物而取得的对他种货物的购买力。前者可叫作使用价值，后者可叫作交换价值。"（亚当·斯密：《国民财富的性质和原因的研究》（上），商务印书馆1972年版，第25页）

李嘉图也接受了斯密关于使用价值和交换价值的划分，但他们都没有把使用价值和交换价值作为商品的内在矛盾来分析。

与斯密和李嘉图相反，马克思说："我不是从'概念'出发，因而也不是从'价值概念'出发，我的出发点是劳动产品在现代社会所表现的最简单的社会形式，这就是'商品'。我分析商品，并且最先是在它所表现的形式上加以分析。在这里我发现，一方面，商品按其自然形式是使用物，或使用价值，另一方面，是交换价值的承担者，从这个观点来看，它本身就是'交换价值'。对后者的进一步分析向我表明，交换价值只是包含在商品中的价值的'表现形式'，独立的表达方式，而后我就来分析价值……'商品'，一方面是使用价值，另一方面是'价值'——不是交换价值，因为单是表现形式不构成其本身的内容。"（《资本论》第412页）

马克思发现商品是资产阶级社会"经济的细

胞形式"，在这种细胞中孕育着资产阶级社会一切矛盾的胚芽，资本主义社会一切矛盾都起源于使用价值和价值的对立中。马克思从分析商品的矛盾开始，逐步揭示了资本主义社会的经济运动规律。

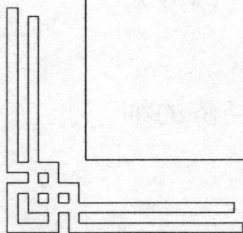

四、劳动的两重性

（一）具体劳动和抽象劳动

商品的种类极多，要生产不同种类的商品，就必须进行不同种类的劳动。种粮食需要农民的劳动，做衣服需要裁缝的劳动，打家具需要木匠的劳动。因为产品的品种不同，所用的劳动也就不同。在生产各种商品时，劳动的目的、对象、工具、方法都是各不相同的。

劳动是在各种具体形式下进行的，马克思把

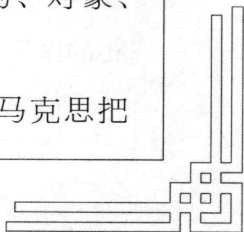

这种具体形式的劳动称作具体劳动。

一种具体形式的劳动能够生产出一种特定品种的产品，而一种特定品种的产品能够满足人们一种特定的需要。因此我们说具体劳动创造了商品的使用价值。

具体劳动是千差万别的，这种千差万别的具体劳动创造出各种不同的产品，满足人们的不同需要。千差万别的具体劳动形式各异，体现了复杂的社会分工。

各种不同使用价值的商品需要彼此交换。各种商品之所以能够互相交换，是因为各种商品都凝结着人类的劳动，都具有价值这样一种共同的或者是同质的东西。而价值这个东西，是不可能由不同形式的具体劳动创造出来的，因为各种不同的具体劳动是不同质的，因而是不能比较的。因此说：生产各种商品的劳动，除了不同的具体劳动以外，一定还有相同的东西。这种相同的东西是什么呢？这些劳动都是人类体力、脑力的消耗，都付出了精力，花费了心血，都是无差别的人类劳动力的支出。这种撇开具体形式的、没有质的区别的人类劳动，马克思称之为抽象劳动。

商品的价值就是由抽象劳动形成的，是抽象

劳动的结晶，是抽象劳动的物化。

当人们交换商品时，实质上就是把不同的商品还原成一定量的劳动时间，把每一种商品看作是一定量的物化的抽象劳动，从而可以在价值上相互比较。由此可见，人们交换商品实质上是在互相交换劳动，因而价值也就是生产者之间的一种社会关系，只不过这种社会关系被商品的外壳掩盖了。

具体劳动和抽象劳动即劳动的两重性，它不是两种互无关系的劳动，是一个劳动的两个方面。

在分析了劳动的两重性以后，我们应当对价值的含义作一点概括：价值就是凝结在商品中的抽象劳动。

作为具体劳动，它是有形的，人们是能够看得到的，如农民种田，裁缝做衣服，木匠做椅子，他们使用什么工具，运用什么方法，大家都看得一清二楚，谁也不会把农民的劳动当成裁缝的劳动，把裁缝的劳动当成木匠的劳动。

抽象劳动就不是这样了，它是看不见、摸不着的。无论是哪一种商品，任你拿在手里怎么端详，都不会发现抽象劳动的痕迹。但是，我们说抽象劳动不同于具体劳动，并不是说抽象劳动和

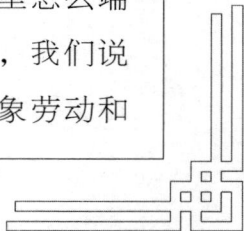

具体劳动是两种不同的劳动，在具体劳动之外还有一种抽象劳动。同使用价值和价值统一存在于一个商品中一样，具体劳动和抽象劳动也不是两种不同的劳动，而是同一劳动的两个方面，如农民种田，裁缝做衣服，木匠做椅子时，都要花费一定的体力和脑力，从这个意义上来说，都是抽象劳动。然而，这些体力和脑力的消耗，又总是在耕耘、裁剪、刨木等各种具体劳动的形式下耗费的。因此，这些劳动又是具体劳动。由此可见，只要有具体劳动存在，同时也就会有抽象劳动存在。这里还必须说明一点，并非在任何条件下抽象劳动都形成价值，只有在商品生产的条件下抽象劳动才形成价值。

（二）价值量的变化

在原始社会中，大家共同劳动、共同享用集体的劳动成果，没有商品交换，因此也就不需要遵守等量劳动相交换的原则，不存在价值关系。在这种情况下，生产者的劳动当然就无须表现为价值，不必采取价值的形式。当商品生产出现以后，人们为了互相交换产品，才需要把具有不同使用价值的商品当成在质上相同的东西来对待。这时，生产者的劳动才表现为价值，采取了价值的形式。

通过以上的分析，我们可以知道生产商品的劳动既是具体劳动，又是抽象劳动。这种劳动的两重性便是商品两个因素的根源。马克思说："一切劳动，从一方面看，是人类劳动力在生理学意义上的耗费；作为相同的或抽象的人类劳动，它形成商品价值。一切劳动，从另一方面看，是人类劳动力在特殊的有一定目的的形式上的耗费；作为具体的有用劳动，它生产使用价值。"

有些商品过去很贵，可现在却很便宜了，如电脑现在的价格比过去低得多了。这是什么原因呢？其根本原因在于生产电脑的劳动生产率提高了，制造这个商品所费的劳动减少了，从而每件商品中的价值量也少了。相反，如果劳动生产率降低了，单位时间内生产的商品少了，则生产每件商品所需要的劳动时间就多了，每件商品的价值量也就大了。因此说，商品的价值量是和生产商品时所耗费的劳动量成正比，而和劳动生产率

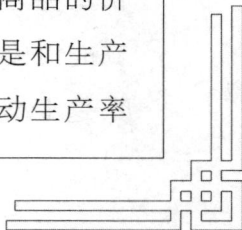

成反比的。

由于商品的价值量是由生产商品时所耗费的劳动量决定的，所以当劳动生产率变化时，只能使每件商品的价值量发生变化，而不能使单位时间内生产的全部商品的价值总量发生变化。因为在8小时内，不管生产出多少商品，这些产品中所包含的劳动都是8小时，因而只具有8小时劳动的价值。每小时生产两张桌子和每小时生产一张桌子，其价值量是相等的，不会因为每小时生产两张桌子，它的价值量就超过每小时生产一张桌子。同样，如果把桌子换成电脑，其结果是一样的。

下面再举一个例子：随着劳动生产率的不断变化，必然会引起社会必要劳动时间的变化，从而也就会导致商品价值量的变化。劳动生产率越高，同一劳动者在同一时间内生产的使用价值就越多，如裁缝手工操作时，一个工作日缝制2件上衣，改用缝纫机后，一个工作日缝制的上衣由2件提高到8件，使用价值增加了3倍，但总的价值量仍然是一个工作日，不会变化，只是每件上衣的价值下降了，它已经不再是4小时劳动，而只是1小时劳动了。

JIE DU LAO DONG JIA ZHI LI LUN

在谈到劳动量决定价值量的时候，我们必须区别简单劳动和复杂劳动。人们的劳动是各种各样的，例如有的人推车，有的人开车，有的人搞汽车设计，这些劳动在技术的复杂程度上是各不相同的。推车的劳动比司机开车简单得多，汽车设计的劳动则又比司机的劳动复杂得多。那些不必经过专门培训，只要是一个正常人都能从事的劳动即简单劳动；而那些必须经过专门训练、具有一定专长的劳动就是复杂劳动。既然各种劳动的复杂程度不一样，那么，它们在相同的时间内所创造的价值也必然是各不相同的。如何确定各种复杂程度不同的劳动所创造的价值量呢？马克思说，以简单劳动作为尺度单位，把不同劳动换算为简单劳动。在同样的时间里，简单劳动创造的价值比较小，复杂劳动创造的价值比较大。在商品交换过程中，复杂劳动被看作是多倍的简单劳动，少量的复杂劳动可以和大量的简单劳动相等。当然，要把复杂程度各不相同的劳动换算为简单劳动的不同比例，这不是用数学方式可以计算出来的，而完全是在商品交换过程中自发地确定的。

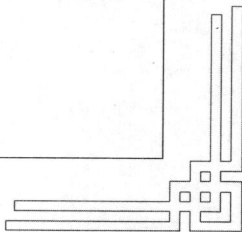

（三）社会必要劳动时间

马克思在分析了价值实体的基础上，进而分析了价值量。马克思认为商品的价值量由社会必要劳动时间决定。

商品之所以有价值，是因为商品中凝结着抽象的人类劳动。那么它的价值量又怎样去测量呢？用它所包含的形成价值的实体，即劳动的量来计量，而劳动量是用劳动时间来计量的。形成价值实体的劳动不是特殊的、个人的劳动，而是相同的人类劳动，是同一的人类劳动力的耗费。什么是同一的人类劳动力呢？马克思说："每一个这种单个劳动力，同另外一个劳动力一样，都是同一的人类劳动力，只要它具有社会平均劳动力的性质，起着这种社会平均劳动力的作用，从而在商品的生产上只使用平均必要劳动时间或社会必要劳动时间。"（《资本论》第 52 页）

那么，又如何理解社会必要劳动时间呢？马克思说："社会必要劳动时间是在现有的社会正常生产条件下，在社会平均的劳动熟练程度下制造某种使用价值所需要的劳动时间。"（《资本论》第52页）这里，马克思不仅指出社会必要劳动时间是正常的生产条件下的劳动时间，在社会平均的劳动熟练程度下的劳动时间，在平均劳动强度下的劳动时间，而且强调是指现有的，而不是过去的，或将来的社会生产条件下生产某种商品所需要的劳动时间。马克思说："只是社会必要劳动量，或生产使用价值的社会必要劳动时间，决定该使用价值的价值量。"（《资本论》第52页）生产一个商品所耗费的社会必要劳动时间决定该商品的价值量，正是价值规律的基本含义。

从上述分析可以看到，对商品价值量的分析，是直接以对价值实体的分析为前提的，而对价值量的分析又反过来有助于进一步认识价值实体。

商品的价值量随着劳动生产力的变化而变化，商品的价值量是由生产它所耗费的社会必要劳动时间决定的。如果生产某种商品的社会必要劳动时间不变，它的价值量也就不变。但是，生产商品所需要的社会必要劳动时间是随着劳动生产力的变化而变化的，这里所说的劳动生产力就是我们通常所说的劳动生产率。它由多种情况决定，

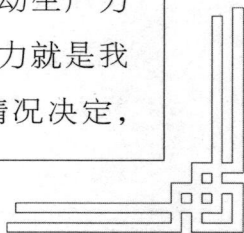

其中有"工人的平均熟练程度，科学的发展水平和它在工艺上的应用程度，生产过程的社会结合，生产资料的规模和效能，以及自然条件"（《资本论》第 53 页）。

劳动生产力的高低是用单位时间内生产的产品数量来衡量的。劳动生产力越高，单位时间内生产的商品越多，每件商品的价值量就越小。反之，每件商品的价值量就越大。可见，"商品的价值量与体现在商品中的劳动的量成正比，与这一劳动的生产力成反比"（《资本论》第 53—54 页）。

由于社会分工，各个生产者之间有着千丝万缕的联系，彼此都为对方工作，如铁匠为农民做工具，裁缝为铁匠做衣服，农民又为铁匠和裁缝种粮食，他们是互相联系，互相依存的。因此每个生产者的劳动都是为社会的，是社会总劳动的一部分，具有社会劳动的性质，马克思称之为社会劳动。但是，由于生产资料是属于私人所有的，因此生产什么，生产多少，只能由他们自己决定，裁缝缝制什么样的衣服，由裁缝自己决定；铁匠做什么工具，也是由铁匠自己决定，他们劳动的成果也只能归他们自己支配。因此，劳动是他们私人的事情，马克思称之为私人劳动。私人劳动的商品由于不一定对路，经常卖不出去，其使用价值得不到社会的承认，不能成为社会劳动，不能转为价值，这样，就形成了私人劳动和社会劳动的矛盾。私人劳动和社会劳动的矛盾，是私有制条件下商品生产的基本矛盾，它决定商品生产的其他矛盾，决定商品生产者的命运。随着商品经济的发展，这一矛盾将越来越激化。

（四）劳动是价值的唯一源泉

马克思所创立的劳动两重性学说是他的科学的劳动价值理论的重要组成部分。

在马克思以前，资产阶级古典经济学者，如英国的斯密和李嘉图等人，虽然也对商品价值作出过某些科学的论证，承认劳动创造商品的价值，价值量应根据劳动量来测定，但由于他们受到历史的和阶级的局限，所提出的劳动价值理论极不完善，极不彻底。他们对于商品的价值和交换价值分辨不清，把交换价值直接视为价值，于是集中讨论商品的价值量，而不研究价值实体。同时，

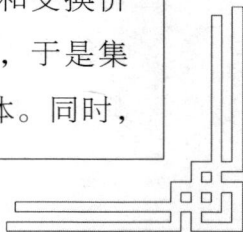

他们对于创造商品价值的劳动的属性也认识不清，把劳动当做一个笼统的概念，没有区分具体劳动和抽象劳动，只看到创造商品使用价值的具体劳动，而看不到凝结为商品价值的抽象劳动。因此，他们认为商品的使用价值和价值都是同一属性的劳动所创造的。这就使得劳动完全成为单纯自然属性的劳动力的使用和支出，不具有社会属性了。

对于资产阶级古典经济学的劳动价值理论，马克思一方面进行了批判，另一方面又继承了其中的科学因素。在批判与继承的基础上，马克思用科学的方法分清了商品的价值和交换价值的根本区别，进而对商品的价值和形成价值的劳动进行了分析，指出了创造商品的使用价值和价值的是两种不同属性的劳动，只有抽象劳动才能凝结为商品的价值实体，而商品的交换价值不过是价值的表现形式而已，是价值在交换过程中的数量关系的表现。马克思通过对劳动两重性的分析，建立了完全科学的劳动价值理论。

科学的劳动价值理论的创立具有重大的意义。这一理论表明具体劳动创造了商品的使用价值，抽象劳动创造了商品的价值，劳动是价值的唯一源泉。正是在这个基础上，马克思创立了伟大的剩余价值理论，揭露了资本主义剥削的秘密，从而在思想上武装了无产阶级，使无产阶级认清了自己的历史使命，认识到只有用暴力推翻资本主义制度才能使自己获得解放。

正是由于科学的劳动价值理论的创立，才使得马克思能够从商品出发，揭示出商品生产的基本矛盾——私人劳动和社会劳动的矛盾，揭露在商品这种物与物的关系后面所掩盖的人与人之间的关系，即无产阶级和资产阶级之间的关系，从而能够揭示出资本主义产生、发展和灭亡的规律。

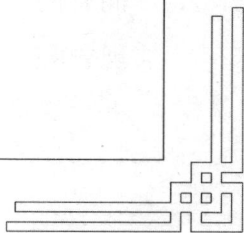

五、价值规律

（一）价值量的决定

价值规律是商品经济的基本规律。只要有商品生产和商品交换，价值规律就必然会产生作用。

同样一种产品，有的工厂生产后可以获得较多的利润，有的工厂生产后只能获得很少的利润，而有的工厂生产后却亏本了。为什么会发生这种现象呢？这就涉及价值量的决定问题。

马克思说，商品的价值量是由生产商品所费

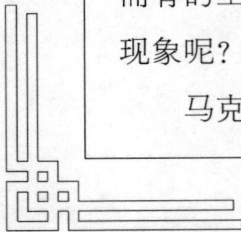

的劳动时间决定的。在现实中，每一种商品总是有许多生产者同时进行生产的。由于劳动工具的好坏、技术熟练程度不同等原因，不同的商品生产者生产同一种商品的时间也是不同的。例如：生产一件上衣，有的用 3 小时，有的用 2 小时，有的只用 1 小时。每个裁缝生产上衣所费的劳动时间称为个别劳动时间。在这种情况下，上衣的价值量是怎么决定的呢？是按照每个商品生产者的个别劳动时间决定的吗？不是的。因为这样一来，同样一件上衣就会有不同的价值量，而且越懒惰、技术熟练程度越低的人，他所生产的上衣反而具有更大的价值了。这当然是不行的。那么，上衣的价值量究竟是由哪一种劳动时间决定呢？决定上衣的价值量的，不是生产上衣时的个别劳动时间，而是社会必要劳动时间。"现有的社会正常的生产条件"是指一定时间、一定生产部门的绝大部分产品的生产条件，其中最主要的是劳动工具。拿做上衣来说，如果这时绝大部分的裁缝是用缝纫机来制作的，只有个别裁缝是用手工来缝制的，那么，这时用缝纫机做上衣就是"现有的社会正常的生产条件"。假定在使用缝纫机这种社会正常的生产条件下，按照社会平均的劳动熟

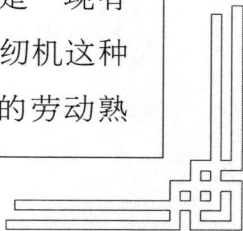

练程度和劳动强度，生产一件上衣需要 2 小时，那么 2 小时就是生产上衣的社会必要劳动时间，从而一件上衣的价值量便由 2 小时的劳动量来决定，而不是由 1 小时或 3 小时的劳动量来决定。

社会必要劳动时间对于商品生产者来说意义是极其重大的，每个商品生产者生产商品时所费的个别劳动时间是高于还是低于社会必要劳动时间，直接关系到他获利的多少，甚至关系到发财还是破产。还是以生产上衣为例，这里会发生三种情况：当裁缝生产一件上衣的个别劳动时间等于社会必要劳动时间 2 小时的时候，裁缝的劳动耗费就能得到全部的补偿，而且还有盈利；当裁缝生产一件上衣的个别劳动时间是 3 小时，超过社会必要劳动时间时，他的超过社会必要劳动时间的那 1 小时的劳动耗费就不能得到补偿，出售商品时就会亏本；当裁缝生产一件上衣的个别劳动时间是 1 小时，低于社会必要劳动时间时，那么，他不但能够补偿全部劳动耗费，而且可以获得更多的盈利。由此可见，生产同一种商品的不同工厂，之所以利润各不相同，有的甚至亏本，其原因就在这里。

JIE DU LAO DONG JIA ZHI LI LUN

（二）等价交换

商品必须按照一定的原则进行交换，这个原则称作等价交换。"价"就是商品的价值量，等价交换即按照商品所具有的价值量进行平等的交换。

等价交换是价值规律的另一个基本内容。

商品与商品交换时，是有着一定的比例的，如5件上衣换1张桌子，20斤白面换2把镰刀，50个鸡蛋换1套衣服。表面看上去，好像这种交换比例是偶然形成的，是交换双方达成的默契。其实这里有着一种必然的关系，裁缝之所以肯拿5件上衣去换1张桌子，木匠之所以肯用1张桌子去换5件上衣，说明生产5件上衣和生产1张桌子花了同样多的劳动时间，因而具有相等的价值量。没有一个商品生产者肯拿自己花了10小时劳动的产品去换人家1小时的劳动产品。

商品按照等价交换的原则进行交换并不是说交换的两种商品所包含的价值量是绝对相等的。在商品交换中，由于供求关系的影响，商品交换

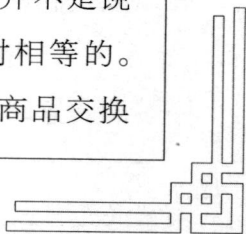

的比例是不断地变动的。并且，商品生产者在进行商品交换时不可能先去了解与之交换的商品的价值量，经过精确计算后再去交换。但是，总的来看，商品交换必然是等价交换，双方交换的商品的价值量是相等的。这是因为商品生产者生产商品是为了出售，他最关心的是用自己的产品能够换取多少别人的产品。由于市场上商品供求关系经常在变化，今天这个产品供过于求，明天那个产品供不应求，因此商品交换的比例也在不断地变动。例如：在正常情况下是 5 件上衣换 1 张桌子，如果某个时候衣服生产得过多，要的人少，而桌子生产得少，要的人多，那么，衣服的交换价值就会降低，桌子的交换价值就会上升。这时，就要用 6 件甚至更多一点的上衣才能换回 1 张桌子。这样，对生产衣服的商品生产者当然不利，对生产桌子的商品生产者就有利了。于是，人们对于衣服就会减少生产，以至于供不应求，交换价值上升；而对于桌子又会增加生产，以至于供过于求，交换价值下降。因此说，等价交换是不以人们意志为转移的客观规律。

当货币出现后，商品交换都是以货币为媒介的。这时，价值就表现为价格了。价格成了价值的货币表现形式。

价值规律要求等价交换，就是要求价格和价值相符。但在私有制的商品经济中，由于生产的无政府状态，市场上供需之间经常脱节，商品的价格时涨时落。紧缺的商品价格就会高于价值，过量的商品价格就会低于价值。这些价格高于或低于价值的现象，都是价格偏离了价值。

价值规律要求商品必须按照价值量进行等价交换，因此价值规律不允许价格偏离价值的情况长期存在下去，它必然要发生作用，要求商品在交换时按照它的规律进行。价值规律的这种强制性，是通过生产的增减来实现的。价格高于价值的商品，生产的人就多，从而引起这种商品过多，价格下跌；价格低于价值的商品，生产的人就少，从而引起这种商品的减少，价格上升。由于价格的忽上忽下，往往给人造成一种误解，以为这是对价值规律的否定。其实，这种价格的波动并不是随意的，而都是围绕着价值在上下波动。价格围绕价值的波动，不是对价值规律的否定，而正是价值规律威力的体现，是价值规律的表现形式。

价值就像一块吸铁的磁石一样，把价格紧紧

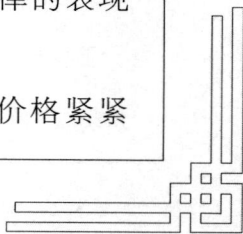

地吸住。恩格斯说："只有通过竞争的波动从而通过商品价格的波动，商品生产的价值规律才能得到贯彻，社会必要劳动时间决定商品价值这一点才能成为现实。"（《哲学的贫困》德文版序言，《马克思恩格斯全集》第21卷，第215页）

（三）调节社会生产

在资本主义社会里，有许许多多的生产部门，如农业部门、工业部门、商业部门、交通运输部门等。在这些部门中，又有着各种各样的具体部门，如在工业内部就有纺织、冶金、机电、造船、化工、仪表等部门。在这每一个大大小小的部门中，都有着一定数量的生产资料和劳动力，生产出相当数量的商品，以此来满足人们的各种需要。这些生产资料和劳动力在各个生产部门之间的分配在客观上是有一定比例的。

在私有制商品经济的条件下，社会生产处于无政府状态，各个生产部门之间的比例关系不可能由一个统一的计划来加以安排，而生产还在继续，还在发展，这又是什么原因呢？

在私有制的商品经济社会里，各个生产部门之间存在着一种自发的调节力量。这种自发调节各个生产部门之间的比例的力量就是价值规律。

价值规律是怎样调节社会生产的呢？

在以私有制为基础的商品社会中，生产是按照商品生产者自己的意志来进行的，他们事先谁都无法了解市场上的需求情况。他们对于市场的需求情况是通过商品价格的涨落来了解的，某种商品价格上涨，价格高于价值，就说明这种商品供不应求了；某种商品价格下跌，价格低于价值，则说明这种商品供过于求了。商品生产者"只有通过产品的跌价和涨价才亲眼看到社会需要什么、需要多少和不需要什么"（《哲学的贫困》德文版序言，《马克思恩格斯全集》第21卷，第215页）。

市场价格的涨落成了商品生产者了解市场供需情况的晴雨表。每个商品生产者生产商品都是为了获利，而且越多越好，没有人愿意去做亏本生意。因此，每个商品生产者必然会根据市场价格的涨落来决定是增加自己的商品生产，还是缩减原来的商品生产，甚至转产。价格低于价值的

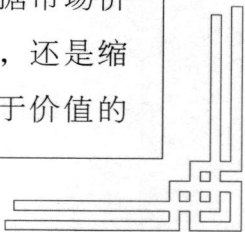

商品，商品生产者就不愿生产；反之，价格高于价值的商品，商品生产者又会竞相生产。价值规律就是这样通过市场价格的涨落在指挥着商品生产者的活动，自发地调节着社会生产，使得社会生产各部门之间建立起暂时的、大体上平衡的比例关系。

在私有制的商品经济社会中，价值规律对社会生产的调节并不是"自然地和谐地"调节的。价值规律虽然能使社会生产各部门之间建立起暂时的、大体上平衡的比例关系，但是这种比例关系的建立是在无政府状态下实现的，是以对生产力的不断破坏或以社会劳动的巨大浪费为代价的。这是由于每个商品生产者不了解市场的供需情况，当某种商品已经达到社会消费的饱和点，并且可能已经开始在商业资本家的仓库里积压起来的时候，商品生产者却还在那里继续生产，只是到了滞销引起价格下跌后才恍然大悟。这时，即使转产也已经有一大批商品不为社会所需要，只能减价拍卖。马克思说："这种无秩序状态的总运动就是它的秩序。"（《雇佣劳动与资本》，《马克思恩格斯全集》第1卷，第360页）

价值规律是商品生产的普遍规律。只要有商

品生产存在，价值规律就必然要产生作用。价值规律的基本内容有两条：一条是社会必要劳动时间决定商品的价值量，另一条是商品要按照价值量进行等价交换。

在以私有制为基础的商品社会中，价值规律通过竞争，通过市场价格的波动，自发地调节着社会生产。由于商品的价值量是由社会必要劳动量决定的，每个商品生产者都企图改进生产技术，提高劳动生产率，把生产商品的时间降低到社会必要劳动时间以下，从而在客观上促进了整个社会生产力的发展。

在私有制为基础的商品经济中，由于存在生产的无政府状态，市场上的商品供求关系每时每刻都在不停地变化，一会儿这种商品供不应求，一会儿这种商品又供过于求。当这种商品供不应求时，由于买者竞相购买，它的价格就会上涨，高于它的价值；当这种商品供过于求时，由于卖者的竞相出售，它的价格就会下跌，低于它的价值。这样，商品价格总是随着供求关系的变化而变化。由于这种原因，商品的价格和价值实际上就会经常不一致。

这种现象，从表面上看，商品交换好像不是

按照价值进行，而是按照市场上的供求情况进行的。实际上这种说法是错误的。因为，各种商品的价格虽然经常涨落不定，但它的涨落总不会脱离价值，只是围绕着价值上下浮动而已。例如，生产一条裤子需要花费 10 小时的社会必要劳动，值 100 元。又假定社会上总共生产了 1000 条裤子，而市场上并不需要这么多裤子，于是裤子便供过于求，每条裤子的价格便下跌到 100 元以下。但是，这种情况是不会长久的。因为裁缝一看到卖裤子赔本，就不再生产裤子，而去生产内衣、外衣等其他商品。这样，市场上裤子的供给就减少了，需求就会超过供给，裤子的价格又会上涨到 100 元，甚至 100 元以上。这时，裤子的价格就会高出它的价值。当然，这种情况，也是不能长久的。因为裤子的价格高出价值越多，生产裤子获利就越大，许多裁缝又会抢着做裤子，结果裤子又供过于求，价格又会下跌。裤子是这样，其他商品也是同样的。市场上的一切商品，虽然由于供求变化而使价格涨落不定，但总不会高于或低于它的价值太多，总是围绕着各自的价值上下波动。

从一个长时期来看，商品价格的这种上涨和

下跌部分正好可以互相抵消，商品的价格总地来说仍然等于它的价值。所以，价格经常围绕价值波动的现象，不仅不是对价值规律的否定，相反，它正是价值规律作用的表现形式。

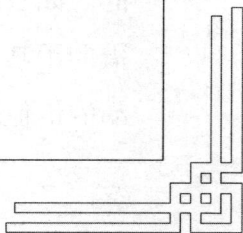

六、价值形式

　　我们已经从商品的交换价值出发研究了商品的价值，接下来我们要进一步研究价值的表现形式，即价值形式。只有了解了价值形式及其发展，才能明白商品的价值是怎样表现出来的，才能明白货币是怎样产生的，才能明白货币的本质。

　　商品具有使用价值和价值两个因素，既然如此，商品也必须具有两重形式，即使用价值形式和价值形式。商品的使用价值形式就是商品本身的自然形式，它是具体的，人们看得见、摸得着的。如衣服、桌子等东西放在我们眼前，用不着借助于其他什么手段就可以直接感觉到。作为商品的价值形式却不是这样，价值是我们用肉眼所看不到的。任何一件商品，无论我们怎样摸它，都找不到价值的一点影子，即使把商品捣得粉碎，或者是用最先进的科学技术来探寻它的价值，也都是无能为力的。

那么，商品的价值究竟怎样表现出来的呢？

（一）商品的价值

商品的价值同使用价值不一样，它不是一种自然属性，而是一种社会属性。商品的价值不是靠自身所能反映出来的，只有通过不同商品之间的互相交换才能表现出来。例如，一个人有一匹马，另一人有两间房，两人互相交换时，我们便说一匹马值两间房，也可以说两间房值一匹马。这时，价值就表现出来了。

现在，商品一般是和货币相交换的，一切商品的价值都通过货币来表现。例如，一斤稻谷值二元三角，一斤白糖值三元五角等。

这种货币形式又是从何而来的呢？货币形式是价值形式长期发展的结果。

　　商品的价值形式是和商品交换共同产生和发展的，它曾经历了一个漫长的发展过程。这个发展过程分为四个阶段：简单的或偶然的价值形式；扩大的价值形式；一般的价值形式；货币形式。

　　这里，先来分析简单的或偶然的价值形式。只有把最简单的价值形式作为研究的出发点，弄清楚价值的最单纯的表现，才能一步步地研究价值形式的发展，才能揭示货币产生的历史过程和本质。

　　直接的物物交换，也就是以物易物构成了简单的价值形式。价值形式是适应商品交换的发展而发展的。当商品交换还只是偶然进行的时候，产生了与之相适应的简单的或者是偶然的价值形式，这就是一物与另一物相交换。这种交换发生在原始社会末期，是在原始部落之间进行的。当时，社会还不存在专门为出卖而进行的商品生产，只是把极少量剩余的产品拿去交换，换回自己需要的东西。

　　这时，交换是直接的物物交换。直接的物物交换只是偶然的行为，因而商品的价值表现也就带有偶然性，一种商品的价值只能偶然地、简单地表现在和它交换的另一种商品上。这是说当两种商品直接交换时，其中的一种商品为另一种商品提供了最简单的价值表现。这种价值形式，叫做简单的或偶然的价值形式。简单的或偶然的价值形式可以用一个等式来表示：

X 量商品 A＝Y 量商品 B

也可以说 X 量商品 A 值 Y 量商品 B。

如果商品 A 是酒，商品 B 是羊皮，"X 量"是 1 坛，"Y 量"是 2 张，那么，我们就可以得到这样一个等式：

1 坛酒＝2 张羊皮

这就是说 1 坛酒值 2 张羊皮。等式左边的酒把自己的价值相对地表现在羊皮上，因而它起着主动的作用；而等式右边的羊皮只是酒的价值的表现形式，因而起被动作用。由于酒的价值不是由它本身直接表现出来的，而是以另一种商品为媒介，即借助于羊皮相对地表现出来的，因此它是处于相对价值形式之上；相反的，在这同一等式中，羊皮是不表现自己的价值的，而是充当另一种商品，即充当酒的价值的表现材料，证明另一种商品有着和自己相等的价值，我们把它叫作等价物，或者说它是处在等价形式上。由此，我们可以得出结论，某一种商品的价值不能够在自

身中表现出来。它要表现自己，需要有另一种商品充当等价物才行。

在上述这个简单的价值形式中，相对价值形式和等价形式既是互相依赖、互为条件的，又是相互排斥、相互对立的。说他们是互相依赖和互为条件的，是因为酒若是离开了羊皮，就不能表现自己的价值；同样的，羊皮若是离开了酒，也就不会成为价值表现材料——等价物。此外，酒也只有借助于羊皮才能处于相对价值形式上，羊皮也只有依赖于酒才能处在等价形式上。说它们是互相排斥和互相对立的，是因为在同一价值表现中，一种商品只能处在一种价值形式上，要么处在相对价值形式上，要么处在等价形式上；同一商品不能既处在相对价值形式上，又处在等价形式上。同时，在价值形式上的两极的商品，如酒和羊皮，也只有一种商品能够处于相对价值形式之上，另一种商品只能处于等价形式之上。只有这样，商品的价值才能被表现出来。例如，上述交换等式中的酒，它处于相对价值形式上，通过和羊皮的交换，价值就被表现了出来。如果酒既处在相对价值形式上，又处在等价形式上，那么，等式就会变成 1 坛酒＝1 坛酒，这就毫无意义了。因为酒的价值不能通过酒自身表现出来。同样，羊皮既然作为等价物，那么，它也不能同时再表现自己的价值，即不能再处在相对价值形式上，除非是把等式倒过来。但这样一来，羊皮就不能成为等价物了。

马克思说："一个商品究竟是处于相对价值形式，还是处于与之对立的等价形式，完全取决于当时在价值表现中所处的地位。就是说，取决于它是价值被表现的商品，还是表现价值的商品。"（《资本论》第 1 卷，第 63 页）价值被表现的商品处在相对价值形式上，表现价值的商品处在等价形式上。

以上，我们是从相对价值形式和等价形式的相互关系上来进行分析的。接下来，我们再对这两种价值形式分别加以分析研究。

（二）相对价值形式

一个商品只有借助于另一个商品，同另一个商品发生交换关系时，才能相对地把自己的价值

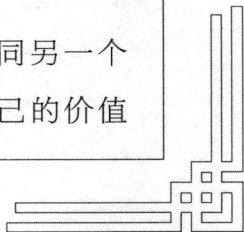

表现出来。酒只有和羊皮相交换，才能相对地表现自己的价值。那么，这两种不同的商品为什么能够相互交换呢？原来，商品虽然是各种各样的，但它们都是人类劳动的产品，人们在生产这些商品时都花费了一定量的劳动，而作为抽象的人类劳动，它们在质上是相同的，是能比的。这种抽象的人类劳动可以还原为共同的单位——价值。正因为商品都有价值，所以它们可以互相交换。酒和羊皮这两种不同的商品之所以能够按一定的比例相互交换，就是因为它们都是人类劳动的产品，都是抽象的人类劳动的凝结物，都有价值。如果没有这种共同的质，酒和羊皮便不能在量上进行相互比较，从而也不能进行交换。由此可见，酒和羊皮的关系表面上是两种不同商品之间的关系，实质上是一种价值关系。

但是，在这种价值关系中，并不是酒和羊皮两种商品的价值都能得到表现的，而只有处在相对价值形式上的商品的价值才能得到表现。

这种处在相对价值形式上的商品酒，它的价值又是如何得到表现的呢？它是通过和羊皮发生交换关系而得到表现的。酒和其他商品一样，也具有价值和使用价值。酒的价值和使用价值是不同的，但是，酒不能由自己把价值表现出来，而只能借助于羊皮的自然形式来表现自己的价值。酒通过和羊皮的交换，表明 1 坛酒值 2 张羊皮，也就是说，1 坛酒的价值同 2 张羊皮的价值一样大。这样，酒的价值就有了一个独立的表现形式，内在于商品的价值也就可以被人们摸到了。从上述价值关系的另一头来说，充当等价物的羊皮本来也只能表现为一定数量的使用价值，并不能表现自己内在的价值。但是，当它和酒对等时，它就不再以单纯的使用价值的姿态出现，而是作为价值体现出来了。在这里，羊皮是表现价值的材料，是用自己的使用价值来表现酒的价值，羊皮的自然形式成了酒的价值形式。

（三）等价形式

什么叫作商品的等价形式呢？马克思回答说："一个商品的等价形式就是它能与另一个商品直接交换的形式。"（《资本论》第 1 卷，第 70 页）这是说在酒和羊皮交换的价值关系中，只有充当等

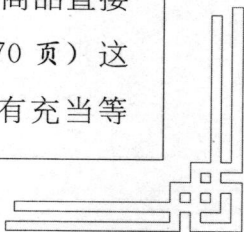

价物的羊皮才具有能够同其他种类商品直接交换的形式，而酒则不具有这种形式。因为在这里，羊皮是作为价值的物化体而存在的，酒是把羊皮当做和自己同质的东西即当做等价物来对待，因此，对于羊皮来说，它就具有了同酒直接交换的可能。而酒如果不同等价物羊皮相交换，就无法证明它具有价值，即不能证明它具有同其他商品同质的东西，因而它不能直接同别的商品交换。酒只有同等价物羊皮相交换时，它的价值才被人们所承认。

等价形式具有三个明显的特征：

第一个特征是使用价值成了它的对立物——价值的表现形式。作为等价物的商品，它之所以能够作为价值的表现材料，是因为它自身也有价值。充当等价物的商品究竟是用什么东西来表现其他种类商品的价值的呢？也就是羊皮是用什么来表现酒的价值的呢？是用羊皮的价值吗？不是的。因为羊皮的价值和酒的价值一样，它是不能自我表现的，它如果要表现自己的价值，那就要处在相对价值形式上。羊皮既然不能用自身的价值来表现酒的价值，便只能用自己的使用价值来表现酒的价值。羊皮虽然是用自己的使用价值来表现酒的价值，但它并不是作为使用价值来供人们使用，而仅仅是作为价值表现的材料而已。

第二个特征是具体劳动成了它的对立物——抽象劳动的表现形式。这个特征是和第一个特征紧密联系在一起的。由于充当等价物的羊皮在表现酒的价值的时候表明自己和酒有着共同的质，即都是人类劳动的产物，所以生产羊皮的具体劳动也就变成了表现抽象劳动的东西。

第三个特征是私人劳动直接表现为它的对立物——社会劳动的形式。在以私有制为基础的商品生产条件下，生产商品的劳动是私人劳动，同时，每一种私人劳动又都是社会总劳动的一部分，因此它们又都是社会劳动。但生产商品的劳动的社会性，只有当这种商品能够直接和其他商品交换时才能得到承认。只有处在等价形式上的商品羊皮，才具有同别种商品直接交换的形式。因此，生产羊皮的私人劳动就具有了直接的社会劳动形式。另一方面，酒也只有和等价物羊皮相交换，它的社会性才能得到承认，因此生产羊皮的私人劳动又成为社会劳动的代表。

通过对简单的价值形式的两极的分析，可知由于处在相对价值形式上的商品酒，只是当做使

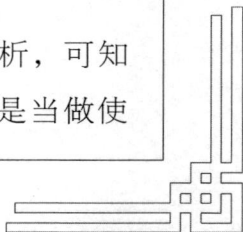

用价值形式出现的，它的价值要通过另一个商品表现出来；而处于等价形式上的商品羊皮又只是当做价值，它的使用价值变成了表现其他种类商品的价值的材料。这样，商品内在的使用价值和价值的矛盾变成了两种商品的外部对立。可见，商品的简单的价值形式不外就是商品内部的使用价值和价值的矛盾的简单表现形式。

简单的价值形式是在人类劳动刚转化为商品时开始的。在简单的价值形式中，商品的价值表现还很不充分，很不完全。因为在这种简单的价值形式上，处于相对价值形式上的商品酒的价值只能表现在一种商品即羊皮上，处于等价形式上的商品羊皮也只是对一种商品即酒来说才是等价物。从这种简单的价值形式上，我们还只能看到一种商品和另一种商品相等，还看不出一种商品是否在质上和所有的商品都相等，也看不出它能否在量上和所有的商品相比较，因而还没有充分显示价值是同一的人类抽象劳动这一本质。随着商品交换的发展，价值形式也随之而发展了。

（四）扩大的价值形式

　　在原始社会末期出现的交换是极其简单和偶然的，价值形式也是简单的或偶然的。但是，交换并不是永远停止在这个水平上的。随着生产力的发展，随着社会大分工以及私有制的出现，交换的东西越来越多，逐渐成为一种经常性的现象，交换越来越发达了。

　　这时，一种商品已经不是偶然地和另一种商品交换，而是经常地和许多种商品交换了。用作交换的不仅有酒、羊皮、青铜、牛，连奴隶也被用来参与交换了。这样，酒可以和青铜、羊皮、牛、奴隶等多种物交换了。由于这种交换的发展，简单的价值形式就发展成扩大的价值形式了。假定1坛酒可以换5斤青铜，或2张羊皮，或1头小牛，或1个奴隶，那么，酒的价值已经不是偶然地表现在单一的商品羊皮上了，而是经常地表现在一系列商品之上。酒不但以羊皮作为表现自己价值的材料，而且以青铜、小牛、奴隶等商品

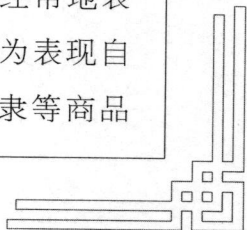

作为表现自身价值的材料。因此，到了扩大的价值形式的时候，商品的价值才第一次被当做无差别的人类劳动的凝结。在这里，酿酒的劳动不仅第一次被看作同其他许多种劳动相等，而且，由于酒和不同的商品相交换时是按照不同的比例进行的，所以，商品的交换价要由它们所包含的价值量来决定这一点也第一次明显地显露出来。

$$1 \text{坛酒} \begin{cases} = 5 \text{斤青铜} \\ = 2 \text{张羊皮} \\ = 1 \text{头小牛} \\ = 1 \text{个奴隶} \end{cases}$$

在这种扩大的价值形式中，虽然商品价值的表现要比在简单的价值形式中来得充分，但仍然是不完全的。在扩大的价值形式中，一种商品固然可以表明它具有和其他许多商品共同的质，但是，就商品的全体来说，它们的价值仍然缺乏一个共同的统一的表现，缺乏一个大家公认的等价物。在这里，每一种商品都有着一系列的特殊等价物，于是，在每一次的交换中，只能由一种特殊等价物来充当价值表现的材料，一种特殊等价物排斥另一种等价物。因此，这时的交换，还只能是两个商品者之间的直接的物物交换。

　　扩大价值形式的这种缺点随着交换的发展一天比一天更明显地暴露出来了。由于在扩大的价值形式中，交换依然是直接的物物交换，因此，只有当交换双方恰巧都需要对方的东西时，交换才能成办，否则就要走迂回曲折的道路。

　　例如，有酒的人想用酒换青铜，而有青铜的人却不要酒而需要羊皮，但有羊皮的人却不需要青铜而需要酒。这时，卖酒的人必须先把酒换成羊皮，然后再用羊皮去换取青铜，几经周折才能换回自己所要交换的东西。如果有羊皮的人也不需要酒，那有酒的人就要费更多的周折才能换回自己所需要的东西，有时甚至费了很多周折却仍然不能换到自己想要的东西。

（五）一般的价值形式

　　扩大的价值形式的缺点是由一般的价值形式来克服的。

　　随着交换的发展，人们发现某种商品最容易交换，人们都愿意拿自己的商品去与它交换。假

定这种商品是酒，1 坛酒可以换 5 斤青铜，又可以换 2 张羊皮，还可以换 1 头小牛或 1 个奴隶。这时，人们便纷纷把自己的商品先换成酒，而后用酒再去换取自己所需要的东西。例如，一个人有青铜，他要拿青铜去换羊皮，可是有羊皮的人不要青铜而要酒，于是，有青铜的人就会先把青铜换成酒，有了酒他就可以换羊皮了。

$$
\left.\begin{array}{l}
5 \text{ 斤青铜} = \\
2 \text{ 张羊皮} = \\
1 \text{ 头小牛} = \\
1 \text{ 个奴隶} =
\end{array}\right\} 1 \text{ 坛酒}
$$

和扩大的价值形式相反，现在不是某一商品的价值表现在一系列其他商品之上，而是许多商品的价值表现在一种商品之上，一切商品都习惯和这种商品交换，通过它来表现自己的价值。这种与扩大的价值形式相颠倒的价值形式就是一般的价值形式。

我们之所以把这种价值形式称之为一般的价值形式，是因为在这种价值形式上，一方面，商品的价值是表现在唯一的一种商品上，因而价值表现是简单的；另一方面，由于商品的价值是表现在同一种商品上，因而价值表现又是统一的。

在这种一般的价值形式下，一切商品的价值都可以通过一种和它们分离的商品来表现。只是到了这时，商品的价值作为无差别的人类劳动凝结的这种性质才被完全地、充分地表现出来。一切商品既然在质上是相同的，那它们在量上也就可以互相比较。现在只要通过酒，一切商品都可以相互比较它们的价值了，如 5 斤青铜等于 1 坛酒，1 个奴隶也等于 1 坛酒，这表明 5 斤青铜的价值和 1 个奴隶的价值是相同的，5 斤青铜也就等于 1 个奴隶。

从另一方面来看，既然现在一切商品的价值都是通过同一种商品来加以表现，那么，那种用来表现一切商品价值的商品，也就成了一般等价物。现在，人们只要能把自己的商品先换成一般等价物，那他的劳动就得到了社会的承认。只要手中有了一般等价物，他就可以用它来换取自己所需要的任何一种商品了。

一般价值形式的出现是价值形式发展过程中的一个飞跃。由于在一般的价值形式中出现了一般等价物，一切商品的交换都可以通过一般等价物做媒介，这就克服了扩大的价值形式的缺点，大大促进了交换的发展。

（六）货币形式

货币是商品交换发展的产物，是价值形式长期发展的结果。

在商品交换中，在一般的价值形式下，逐渐分化出了一种充当一般等价物的商品。这种充当一般等价物的商品是人们在交换时都愿意拿自己的商品与它交换的，因此，它也最容易换取人们所需要的任何商品。这种充当一般等价物的商品其实就起着货币的作用。

现在用作货币的是铸币和纸币，但在历史上曾经有很多商品充当过一般等价物，起过货币的作用。

用什么东西来充当一般等价物，是由各民族和各地区的不同的历史条件和自然条件所决定的，只要哪一种东西在这个民族或地区使用得最普遍，最具有社会性，这种东西就可以成为一般等价物。例如，在我国，古代最早的货币是贝壳，而后铜、帛、玉等也充当过一般等价物。

这些一般等价物的出现虽然在相当程度上促进了交换的发展，但由于一般等价物尚未固定在某一种商品上，而是因时因地而异，因此，又阻碍了各地区之间的商品交换。

随着社会生产力和社会分工的进一步发展，交换的商品日益增多，交换的地区也进一步扩大了，这就要求把一般等价物固定在一种商品上。经过在交换实践中的自然筛选，最终由贵金属金和银来固定地充当一般等价物了。而原来充当一般等价物的那些商品，被一一排除了。

当一般等价物固定地由贵金属来充当时，一般的价值形式也就转变为货币形式了。

$$\left.\begin{array}{l} 5\text{斤青铜}= \\ 2\text{张羊皮}= \\ 1\text{头小牛}= \\ 1\text{个奴隶}= \end{array}\right\} \text{X 克黄金}$$

货币形式和一般的价值形式并无本质上的差别，所不同的只是在货币形式上，一般等价物已固定地由金和银这两种商品来充当罢了。

由此可见，黄金并非天生就是货币，起初它也和其他商品一样参与交换，不过是一种普通的商品。

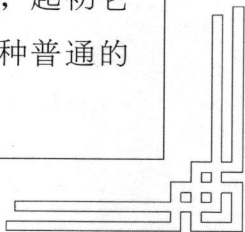

　　了解了价值形式之后，可以看到货币本身并没有什么神秘的地方，它也不过是一种商品罢了。作为货币材料的黄金也是一种商品，它有使用价值，用处很多。根据传统分类方法，金器分为茶具、法器、盥洗器、食器、饰件、药具、饮器和杂器八组。现在，黄金还可以用作工业原料等。黄金也有价值，因为开采它、提炼它都是要花费人的劳动，它本身也凝结着人类劳动。但它除了有一般商品的使用价值外，还有特殊的使用价值，即它可以充当一般等价物，去换其他任何商品。货币出现之后，"其他一切商品只是货币的特殊等价物，而货币是它们的一般等价物，所以它们是作为特殊商品来同作为一般商品的货币发生关系"。（《资本论》第 1 卷，第 108 页）

　　货币的出现使得整个商品世界发生了两极分化，一极是一般商品，它们都有各自特殊的使用价值；另一极是货币，它是一切商品的交换价值。这样，商品的内在矛盾——使用价值和价值的矛盾就转化为商品与货币的对立。由于货币成为所有商品价值的代表，所以每个商品生产者只有把自己的商品换成货币，才能实现自己商品的价值。一切具体劳动都必须通过货币才能还原为抽象劳动。一切私人劳动都必须通过货币才能得到社会承认，表现为社会劳动。如果他们的商品不能换成货币，他们的生产劳动就会受到严重的影响。在资本主义社会，商品与货币的对立发展已经到了极尖锐的地步。

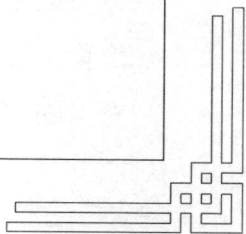

七、货币

（一）铸币

货币是适应交换的发展而出现的一般等价物，是固定地充当一般等价物的特殊商品。货币给人们的商品交换带来无穷的方便，因而深受人们欢迎。

金银之所以会成为货币，固定地充当一般等价物，是因为金银本身也是商品，也具有价值。充当固定等价物的职能为什么不落在其他商品身上，而偏偏落在金银身上呢？因为采掘金银要耗费大量的劳动，所以微量的黄金便含有很高的价值。银子的价值虽然比金子低得多，但是比起其他商品来仍有较高的价值，这就决定了用金银来充当货币比其他商品充当货币好得多。

过去，人们要想换回自己急需的商品，总得牵着牛、拿着羊皮、扛着铜铁等一般等价物才行。有了货币后，人们只要带上很少一点金银就能换回自己所需要的许多商品，这就方便多了。

再者，金银可以随意分割，又可以随便溶合。随你如何分割还是溶合，金银的价值一点也不会受到损失。这又是金银优于其他一般等价物之处。如果用玉做货币，一旦把一块很大的玉打碎，便再也不能合在一起了，也不值钱了。

另外，金银不易损毁，把它们藏起来不会腐烂，不会生锈，极易保存。

我国早在春秋战国时代，黄金和白银就已经作为货币在市场上流通了。当时，楚国盛产黄金，把黄金铸成一块块使用，人称"金饼"。

以货币为媒介的商品交换，一方面，解决了直接的物物交换的困难，促进了商品交换的发展；另一方面，货币的出现又使得商品的内在矛盾更

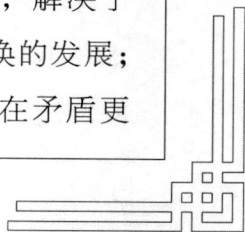

加尖锐了。商品内部存在着使用价值和价值的矛盾，货币的出现把商品内部的这一矛盾转化为商品和货币的对立了。因为在货币存在的情况下，整个商品世界分裂成了两极，一极是商品，它们是各种特殊的使用价值；另一极是货币，它以价值的物化体出现，代表一切商品的价值。

由于货币是价值的体现，是抽象劳动的体现，所以这时商品的价值表现为价格，即一定数目的货币，一切商品都必须先转化为货币才能实现自己的价值。只有当商品生产者把自己的商品换成了货币，他的劳动才得到社会的承认，成为社会劳动的一部分。如果商品生产者不能将商品换成货币，那就意味着这个商品生产者的再生产将会受到影响，甚至破产。商品和货币的这种对立，在商品生产高度发展的资本主义社会中达到了极端尖锐的地步。

贵金属之所以能够充当货币，是因为贵金属本身也是一种商品，具有价值。那么，为什么我们现在所使用的货币大多是纸币呢？难道这些纸币也是商品，也有价值吗？如果纸币不是商品，本身不具有价值，那它为什么又能用来表现商品的价值，作为货币来使用呢？

原来，最早充当一般等价物的金银货币是以金块或银块的形状出现的。但是，由于金块和银块的重量、成色大多不相同，每次成交时都要称重量，查成色，因而使用起来极为不便。随着交换的发展，块状的金属货币逐渐为铸币所代替。铸币是经过国家证明的具有一定形状、成色和重量的金属铸块。

在铸币出现以前，为了免除每次使用时对金属货币进行鉴定的麻烦，一些富商便在金属铸块上烙上自己的印记，以自己的信誉来保证金属铸块的成色和重量。但是，这只有在市场范围比较狭窄的时候才能起作用。当市场的范围扩大，超出了一个地区的范围时，这种信誉就不够用了，因为其他地区的人不一定信任这个富商。这时，就需要有一个权威机关来对金属铸币的成色和重量作出证明。具有这种权威的机关便是国家，于是国家就开始铸造货币了。国家把金属按照一定的成色和重量铸成一定的形状，这就是铸币。不同的国家有着不同的铸币。

在历史上，铸币很早就问世了。我国的金属铸币产生很早，三千多年前的商朝已经出现了铜贝，就是金属铸币的雏形。到了春秋战国时期，

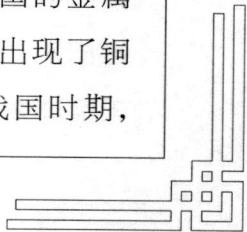

广泛使用布币、刀币、环钱等铜铸币。清朝光绪年间，国家还设立了造币厂，专门负责铸造银元。

（二）纸币

铸币经过不断流通后会逐渐磨损，减轻了原来的重量，但在名义上仍然按照规定的重量来使用，这就使铸币的名义含量和实际含量发生了偏离。

既然货币流通使铸币的实际含量同名义含量相分离，并且不足量的铸币仍能和足量的铸币一样使用，那么，在货币流通中就隐藏着一种可能性：可以用其他材料做的记号或用象征性的符号来执行铸币的职能。在流通过程短，贵金属对于价值量很小的交换颇感不便，而铸造价值额极小的铸币在技术上又相当困难，因而国家就用廉价的如铜另铸小额辅币，以便在贵金属铸币流通的情况下便利小额价值的交换。辅币是代替贵金属铸币的，等于贵金属的一定小额重量。这表明铸币渐渐变成了价值符号或货币符号。

　　由于在货币流通中可以用其他材料做的记号或用象征性的符号代替金属货币执行铸币的职能，于是就产生了纸币。

　　纸币没有任何价值，纯粹是一种价值符号。没有价值的纸币之所以能够代替金属货币的职能，这是因为商品所有者把商品换成货币的目的并不是要货币，而是为了拿这些货币再去购买自己所需要的商品，货币只是起着购买手段的作用。只要人们手中所掌握的货币能够换回与货币面额价值相等的商品，人们就不会去过问这些货币所包含的价值量究竟有多少。正因为这样，金属货币就可以由完全没有价值的纸币来替代了。可见，"这种纸币是直接从金属流通中产生出来的"（《资本论》第 1 卷，第 146 页）。

　　纸币是由国家发行，以国家的法令强制流通的。纸币只能在自己的国家内使用，到其他国家去就得把本国的纸币换成其他国家的货币，否则就不能流通。因为纸币是金属货币的代表者，所以纸币的发行量必须以流通所需要的金属货币量为限度。马克思说："纸币的发行限于它象征地代表的金（或银）的实际流通的数量。"（《资本论》第 1 卷，第 147 页）

　　如果纸币的发行量相当于商品流通所需要的金属货币量，纸币就同金属货币具有相等的购买力；如果纸币的发行量少于商品流通所需要的金属货币量，单位纸币代表的金属货币量就会增多，纸币就会升值，物价就会下跌；如果纸币的发行量超过了商品流通所需要的金属货币流通量，全部纸币仍只能代表流通所需要的金属货币量，因而单位纸币所代表的金属货币量就会减少，纸币就会贬值，物价就会上涨。例如，在一定时期内，为了适应商品流通，需要1亿元金属货币，但纸币的发行量却达到2亿元，这时，1元纸币只能代表0.5元的金属货币，纸币也就贬值了一半，过去1元钱能买到的商品，现在要2元钱才能买到。可见，纸币发行量超过流通所需要的金属货币量多少倍，纸币就会相应地贬值多少倍。因纸币发行过多而引起的纸币贬值叫作通货膨胀，"通货"就是流通中的货币，通货膨胀就是流通中的纸币太多了。

　　故意造成通货膨胀是资本主义国家剥削人民的重要手段。资本主义国家为了弥补财政赤字，常常不顾商品流通的实际需要而滥发纸币，结果造成通货膨胀，引起物价上涨。通货膨胀越厉害，物价上涨得就越快。物价上涨的结果使得工人阶级的实际工资降低，劳动人民的生活水平下降。资本主义国家之所以不用其他方法如增加税收等，而用滥发纸币的办法来弥补财政赤字，是因为这种办法比其他办法更具隐蔽性，国民看不出来，免得引起反抗情绪。因为当他们用各种方式把大量不代表社会商品量的纸币投入流通时，一般人并不知道这些纸币实际上是贬了值的。但这些纸币一旦进入流通领域，就成为多余的了。

（三）货币的职能

货币是充当一般等价物的特殊商品，是商品价值的一般存在形式，它可以直接和一切其他商品交换。

在货币产生以后，一切商品都要通过它来表现自己的价值，这就是说一切商品都必须换成货币才能实现自己的价值。每个商品生产者只要能把自己的商品换成货币，他的劳动就得到了社会的承认，他就可以用货币这种一般等价物去换取

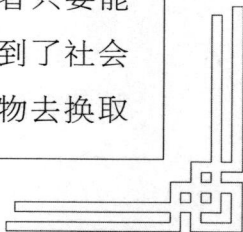

自己所需要的任何一种商品。

由于在商品经济条件下，只有货币才能换取自己所需要的任何一种商品，所以，即使不是商品生产者也需要货币，否则就不能生活。

货币具有五种职能：表现和衡量一切商品的价值，即价值尺度；充当商品交换的媒介，即流通手段；自发地调节货币流通量，即贮藏手段；充当赊购的信用工具，即支付手段；沟通国际间的经济往来，即世界货币。

商品的价值取决于生产商品时所耗费的必要劳动时间，但价值却不能通过社会必要劳动时间表现出来，而总是通过价格——价值的货币表现，才能显示出来。例如：在买或卖一台电脑时，不是说这台电脑值 300 个小时的劳动量，而是说这台电脑值 1500 元。因此，如果没有货币，就无法表现和衡量商品价值的大小。货币发挥价值尺度的作用，正是通过把价值表现为一定的货币量，即表现为价格来实现的。由于货币发挥了价值尺度的职能，便把人们看不见的、内在于商品之中的价值变成一种外在的可以捉摸的货币量了。

当商品的买者用货币去购买商品时，货币便从买者的手中转到了卖者的手中。在这里，货币充当了交换的媒介。充当商品交换的媒介是货币的第二个职能，即流通手段或流通工具。

市场上的货币流通量需要有一个蓄水池来加以调节，这个货币的蓄水池是从货币充当贮藏手段中产生的，因此自发地调节货币流通量是货币的第三种功能。

商品的买卖在许多情况下不是一手交钱、一手交货的钱货两清的交易，而往往是先购买商品，经过一定的时期以后再付款给卖者。例如，由于各种商品的生产时间是不同的，有的生产时间长一些，有的生产时间短一些，而有的商品生产还带有季节性。因此，各种商品的销售时间也是不同的。这样一来，就会出现赊账交易，如农民在秋收以前，或者虽已收获了庄稼，但农产品还未出售时，需要添置一部分农具或其他生活必需品，而手头没有现钱，就只好先赊购，等秋收后卖了粮食再付清所欠的款项。在这种赊账交易中，赊购者成了债户，卖主成了债主，债户赊购商品所欠的钱必须按照约定的日期支付。当货币在用延期支付方式买卖商品情况下用于清偿债务时，它就具有了第四种职能，即支付手段。

货币作为支付手段，最初只是在商品生产者

之间用于清偿债务，随着商品经济的发展，在交纳地租、捐税、利息、工资等方面也发挥了支付手段的职能。

货币作为支付手段，实际上是被当做一种有信用的东西来对待的。因为货币充当支付手段，它的职能就是当支付期满时用来偿还债务，履行赊购者的诺言。一些商品生产者所以肯把商品赊卖出去，也是因为他们相信债务人到期时能够归还欠款。但是，由于种种原因，赊购者往往不能按期支付欠款。在赊账交易出现以后，许多商品生产者之间结成了债权、债务关系，甲欠乙的债，乙欠丙的债，丙又欠丁的债等。因此，如果有一个债务人到时不能支付欠款，就会引起一系列的连锁反应，如甲还不了欠乙的债，乙便不能如期支付欠丙的债，丙同样无力支付欠丁的债。这样，不仅债务人的生产会受到打击，还会使许多债权人的生产受到打击。可见，货币作为支付手段后，使商品经济的矛盾有了进一步的增长，货币作为流通手段时所存在的危机的可能性也进一步发展了。

货币当做支付手段以后，决定货币流通量的要素增加了。

一定时期内市场上的货币流通量是依照商品价格的总额和货币周转次数两个要素决定的,而现在还要加上三点:

第一,从商品价格总额中减去赊销商品的价格总额;

第二,加上曾经赊购但已按期支付了的那一部分商品价格总额;

第三,减去商品生产者之间互相抵消的支付总额。

随着国际间的贸易的产生和发展,货币的作用超出了一国的界限,在世界市场上发挥作用。于是,货币又有了第五个职能,即世界货币的职能。

作为世界货币,其职能主要有三个方面:

第一,作为一般的购买手段,用来购买外国商品;

第二,作为一般的支付手段,用来清偿国际收支差额;

第三,作为社会财富的代表,由一国转移到另一国。

充当世界货币的只能是黄金和白银。铸币和纸币是不能充当世界货币的,因为它们一超出本

国范围就失去了原来的法定意义。

一个国家通行的只是本国的铸币或纸币，你要想购买这个国家的商品，除了据有这个国家的铸币或纸币以外，任何一国的铸币和纸币都不会得到承认。而金银之所以能充作世界货币，是因为金银在本质上与其他商品一样，也是一种商品，而且这是一种人人都愿意接受的商品。因此，金银是没有国界的，它可以用于国际间的商务往来，在任何一个国家都可以流通使用。

前面阐述了货币的五种职能，这些职能是有机地联系着的，并在这种有机的联系中表现出货币的本质——一般等价物。

（四）货币最基本的职能

在货币的五种职能中，价值尺度和流通手段是货币的两个最基本的职能。这二者互相联系，互相依存。货币之所以能够作为流通手段，首先是由于它有价值尺度的职能。货币如果不能作为价值尺度表现一切商品的价值，它就不能充当商品的流通手段用来购买商品。反过来，货币如果不能作为流通手段，用它买不到商品，那它就不能成其为货币，不能表现其他商品的价值，从而也就没有价值尺度的职能。所以说货币的这两个职能是相互联系相互依存统一在一起的，二者缺一不可，缺一个就不能成其为货币了。因此，马克思说："一种商品变成货币，首先是作为价值尺度和流通手段的统一，换句话说，价值尺度和流通手段的统一是货币。"（《政治经济学批判》，《马克思恩格斯全集》第13卷，第838页）

随着商品生产和商品流通的发展，货币的其他职能都是由货币的这两个基本职能派生出来的。就拿贮藏手段来说，只有当货币具有价值尺度和流通手段这两个基本职能，用货币能买到任何商品，货币成了社会财富，这时才有人把货币贮藏起来，货币才有了贮藏手段的职能。

支付手段也是由上述三个职能派生出来的。货币作为支付手段，首先需要有价值尺度的职能，好衡量商品的价值，定出商品的价格。如果没有价格，商品就无法流通，也就没有以货币作为赊账手段的买卖了。其次，必须先有以货币作为流通手段的现金交易，然后才能发展成为以货币作

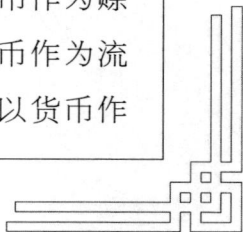

为支付手段的赊账买卖。赊账买卖是把商品出售时间和付款时间分开来了。可见货币的支付手段是流通手段的发展。货币要能作为支付手段来使用，那就需要在支付时先把货币贮藏起来，贮藏货币的过程就是货币作为贮藏手段发挥作用的过程。因此，货币支付手段的职能是从上面三种职能派生出来的。

只有很好地了解货币的职能及其相互关系，才能更好地了解货币的本质，并进而了解商品生产者之间错综复杂的经济关系。

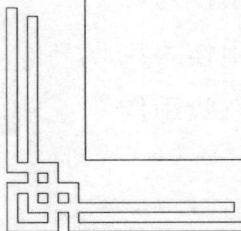

八、马克思在劳动价值理论
领域的突破

　　马克思在研究经济学中，创立了劳动价值理论，揭示了资本主义生产的本质。

　　在马克思之前，一些古典政治经济学家的劳动价值理论存在着许多混乱和矛盾，马克思在确认了劳动价值理论的作用和地位之后，便着手对劳动价值理论进行深入研究。经过 17 年的努力，在批判地继承资产阶级古典政治经济学的基础上，提出了新的科学的价值理论，从而实现了对古典政治经济学的超越。

　　马克思劳动价值理论认为价值由劳动决定，价值的源泉和尺度是劳动，劳动量的大小决定价值的大小。这种理论的伟大意义在于它承认和肯

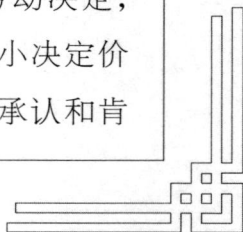

定人类劳动的伟大创造作用。

马克思从分析商品入手，研究了商品的两个因素和劳动的两重性，提出了具体劳动创造使用价值，抽象劳动形成价值，价值量决定于生产该商品所需要的社会必要劳动时间的理论。

马克思认为劳动的两重性是他的创造，是理解政治经济学的枢纽。

马克思的劳动价值理论在理论体系上较前人推进了一大步，成为一套完整的、严密的劳动价值理论。它对传统劳动价值理论既有继承，又有发展，并有以下几个方面的突破：

分析了商品的两个因素。

马克思把交换价值和价值明确地划分开来，阐明了二者之间的区别和联系。在经济学说上，首先区分使用价值与交换价值的是斯密。他认为："价值一词有两个不同的意义。它有时表示特定物品的效用，有时又表示由于占有某物而取得的对他种货物的购买力。前者可叫作使用价值，后者可叫作交换价值。"（亚当·斯密：《国民财富的性质和原因的研究》（上），商务印书馆 1972 年版，第 25 页）

在历史上，虽然古希腊的色诺芬和亚里士多

德已经知道物品有使用和交换这两种用途，但明确区分使用价值和交换价值这两个概念的是斯密。

斯密在区分使用价值和交换价值的基础上，还分析了使用价值和交换价值的关系。他说交换价值的大小不决定于使用价值，使用价值不是交换价值的源泉。他说："使用价值很大的东西，往往具有极小的交换价值，甚或没有。"（亚当·斯密：《国民财富的性质和原因的研究》（上），商务印书馆1972年版，第25页）这个见解是正确的，也是他的功劳。当然，由于他对使用价值和交换价值的内在联系并不真正理解，所以他同时认为没有使用价值的东西可以有交换价值（亚当·斯密：《国民财富的性质和原因的研究》（上），商务印书馆1972年版，第25页），这显然是错误的。

李嘉图接受了斯密关于使用价值和交换价值的区分，但是他比斯密前进了一步。斯密认为没有使用价值的东西也可以有交换价值，李嘉图则认为使用价值虽然不能决定交换价值的大小，但它是交换价值的前提和基础，没有使用价值的东西绝不会有交换价值。这样，李嘉图实际上把使用价值看成是交换价值的物质承担者，从而对使用价值和交换价值的关系作出比较正确的分析。

　　至于价值和交换价值，李嘉图事实上已经作了正确的区分。他把商品的价值理解为耗费劳动量的表现，把交换价值理解为两种商品的交换关系。他说一种商品的价值是由生产这种商品所耗费的劳动量来决定的。一种商品的交换价值，既可以由生产这种商品本身所耗费的劳动量的变化而变化，也可以由生产与此商品相交换的其他商品所耗费劳动量的变化而变化，还可以由这两者同时变化而变化，但两者发生同方向、同速度的变化时，这种商品的交换价值则依然不变，这种分析表明李嘉图已经把握了交换价值的内涵和真谛。

　　但是李嘉图和斯密一样，也不了解商品和商品价值的本质，因而他又经常把价值和交换价值混淆起来。斯密把劳动作为价值实体意义上的价值内在尺度与价值外在尺度（即交换价值或货币意义上的价值尺度）混淆在一起的现象，在李嘉图的著作中也有。李嘉图在他一开始研究商品价值时，就把价值称为交换价值或相对价值，没有把价值从交换价值中抽象出来。李嘉图不了解价值和交换价值的内在联系，他只知道商品的价值不能直接用劳动时间来表现，只能用其他商品来表现，至于为什么如此，他却不清楚。他不懂得价值是由劳动时间决定的，但是这种劳动的社会性不能由商品自身表现出来，而只能通过同其他商品的交换才能表现出来。这就是说，交换价值是价值的表现形式，而价值是交换价值的基础。李嘉图只注意商品价值的量，不懂得价值是一种社会生产关系，因而不可能理解商品价值是以交换价值作为它的表现形式的。

马克思从斯密、李嘉图关于使用价值与交换价值的分析，推导出商品的两个因素：使用价值与价值。

首先，马克思分析了商品的使用价值。他说："商品首先是一个外界的对象，一个靠自己的属性来满足人的某种需要的物。"（《马克思恩格斯全集》第 23 卷，第 48 页）这种能满足人的某种需要的属性叫作使用价值，"商品体的这种性质，同人取得它的使用属性所耗费的劳动的多少没有关系"（《马克思恩格斯全集》第 23 卷，第 48 页）。但是，由于"在我们所要考察的社会形式中，使用价值同时又是交换价值的物质承担者"（《马克思恩格斯全集》第 23 卷，第 48 页），所以政治经济学在研究商品经济时必须联系商品的使用价值

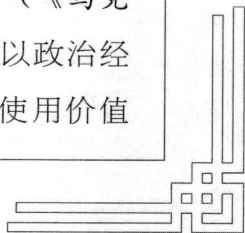

问题。

马克思重点分析了商品的价值，他先从价值形式即交换价值分析入手，然后引出价值的内容实质，即抽象的人类劳动的凝结。

为什么不同的使用价值能按一定的比例相交换呢？这说明各种商品之间存在着使它们相等的共同的东西，这个共同的东西不可能是商品的使用价值，因为使用价值千差万别，无法进行量的比较。但如果把使用价值抛开，把创造使用价值的劳动的具体形态抽去，各种劳动就不再有什么差别，都化为相同的人类劳动，即抽象的人类劳动。这种抽象的人类劳动的凝结，就是商品的价值。因此，价值是交换价值的内容。

马克思强调指出商品是使用价值与价值的辩证统一物，要成为商品，必须既具有使用价值，而且是社会的使用价值，又具有价值，才能成为商品，二者缺一不可，否则就不称其为商品。

马克思对商品两因素的分析，是以斯密、李嘉图关于商品的使用价值与交换价值两因素的分析为基础的。马克思运用抽象分析的方法，能从价值的形式（交换价值）中抽象出价值的内容（价值实体）来，这在商品两因素的分析中比斯密、李嘉图前进了一大步。

马克思认为商品首先是一个外界的对象，一个靠自己的属性来满足人的某种需要的物。物的有用性使物成为使用价值，但使用价值只是在使用或消费中得到实现，而商品在实现其使用价值之前，必须先实现其交换价值，出售之后才能实现其使用价值。

这并不表明商品的两重性就是使用价值和交换价值，因为在商品的交换关系或交换价值中始终表现出某种共同的东西。这种共同性使不同种类的商品能够彼此进行量的比较。共同性自然是通过抽象获得的。这种抽象首先就必须把商品作为使用价值的质的差别去掉。如果把商品体的使用价值抛开，商品体就只剩下一个属性，即劳动产品这个属性了。劳动产品只是无差别的人类劳动的单纯凝结，即不管以哪种形式进行的人类劳动力耗费的单纯凝结。这些物只是表示在它们的生产上耗费了人的劳动力，积累了人类劳动，这些劳动产品，作为它们共有的这个社会劳动的结晶，就是价值——商品价值。

商品价值就是在商品的交换关系或交换价值中表现出来的共同东西。

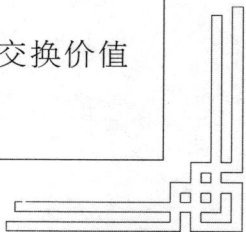

　　单就商品体本身而言，就只剩下作为人类劳动结晶的价值。而在商品的交换关系中，价值才表现为交换价值，表现为与使用价值无关的东西。先有商品，然后才有商品的交换，因而，商品的两重性不是表现为使用价值和交换价值，而是表现为使用价值和价值。

　　商品可以使用，具有使用价值，反映了具体劳动的特点，而商品的价值则抛开了一切具体劳动的特点，是对具体劳动的抽象，所以它才是价值。无论何种商品都凝结了人类的劳动，所以它有价值；它凝结的是这种劳动而不是另一种劳动，所以它具有不同的使用价值。

　　抽象的人类劳动才是对商品体的最一般的本质规定，是商品价值的体现；而具体的劳动只是反映了商品具体的有用特性，它是商品使用价值的体现。

　　在马克思对商品的两重性的理解中，他既把商品看成是物，体现了人与自然的关系；又把商品不单纯看成是物，它还体现了人与人的关系。人与人的关系在一定的历史阶段上要通过交换在物与物的关系上表现出来，这使马克思既看到了它的不合理性，同时又看到了它是历史的、暂时的。

在古典政治经济学家眼里，商品只是物，因而他们只看到其有用性的一面，而没有看到它作为物化劳动表现一定的社会关系的一面，这一点恰恰是马克思所关注的核心。

商品的有用性只能说明它为什么能够满足人的需要，却不能够说明它为什么要采取交换形式，商品的价值为什么在不同的时期采取不同的价值形式。

有的经济学家，如李嘉图，试图从稀少性角度加以解释，因为商品是有用的，它又是稀少的，所以必须通过交换才能取得。

其实，稀少未必就一定导致交换。在原始社会，物品自然是稀少的，却没有产生交换，恰恰是在物质丰富，有了剩余之后才产生了交换。

交换不是从来就有的，即物品不是一开始就作为商品出现，而是先有对产品的占有，然后才有交换，产品才采取了商品的形式。一旦消除了私人占有，就不存在商品形式了。

古典政治经济学家只注重商品物质内容的分析，而忽视了产品采取商品形式的分析，甚至根本就没有意识到这个问题。

　　李嘉图意识到了这个问题，但也只限于从商品的内容上，从其稀少性上加以说明，未能抓住问题的本质。所以在他对交换价值的分析上，只能从量上而不能从质上加以说明。虽然他还提出了价值概念，但那也只限于量的分析。

　　古典政治经济学在价值问题上的根本缺陷在于只是从自然性上，而没有从社会性上去看待商品的价值，用商品的自然性去代替商品的社会性，只看到了商品与商品之间的物与物的关系。

　　马克思在价值理论上的突破在于他不是把商品仅仅看成物，而是在它身上通过人类的物化劳动体现了人与人的社会关系，这个关系在劳动产品不用于交换时是隐藏的，一旦用于交换，物与物的交换关系就体现了人与人的社会关系，所以商品不仅具有自然价值，而且具有社会价值；不仅对人有用，而且传达人的社会关系。这就使劳动价值理论实现了一个根本性的转变，即它不是简单地研究作为物的商品，而是通过对商品的研究去揭示人与人之间的社会关系。通过对商品关系的分析，去揭露资本主义经济的本质，从而揭露整个资本主义社会的本质。

　　在古典政治经济学家只看到商品与商品之间

物与物的关系的地方，马克思却看到了人与人之间的关系。它是人的关系支配下的商品关系，是商品关系体现的人的关系。马克思的劳动价值理论实际上是打开整个资本主义社会的大门的钥匙，它的意义绝不只是政治经济学的，而且还有哲学的以及科学社会主义的。

把商品的两重性归结到劳动的两重性，从而展开对人以及社会的本质说明，这是马克思劳动价值学说的最大贡献。

马克思在劳动价值理论中论证了商品中的劳动两重性。

马克思对劳动两重性的分析是以前人分析为基础的。

配第在历史上第一次把不同种类的劳动（如生产金银的劳动和生产小麦的劳动）还原为一般劳动时间而加以比较，这已包含着劳动两重性思想的萌芽。

在詹姆斯·斯图亚特的学说中，也有劳动价值理论的因素。斯图亚特把生产商品的劳动划分为两种：一种是表现在交换价值中的特殊社会劳动，一种是生产使用价值的实在劳动，他不仅把创造共同等价的工业意义上的劳动（资产阶级形

式的劳动）和创造使用价值的实在劳动区别开来，而且还把这种劳动和古代形式的劳动、中世纪形式的劳动区别开来，这里他已经初步意识到了生产商品劳动的两重性了。

马克思通过对商品的两因素"使用价值和价值"的分析，发现了生产商品劳动的两重性，即"从一方面看，是人类劳动力在生理学意义上的耗费，作为相同的或抽象的人类劳动，它形成商品的价值。从另一方面看，是人类劳动力在特殊的有一定目的的形式上的耗费，作为具体的有用劳动，它生产使用价值"（《马克思恩格斯全集》第23 卷，第 60 页），并指出这是"理解政治经济学的枢纽"。

首先，马克思分析了生产使用价值的有用劳动——具体劳动。

所谓有用劳动，就是用自己产品的使用价值来表示自己的有用性的劳动，不同质的有用劳动，生产不同质的使用价值，各种使用价值的总和，表现了同样多种的有用劳动的总和，即表现了社会分工，但具体劳动只有同自然力结合起来才能创造使用价值。因此，劳动并不是它所生产的使用价值即物质财富的唯一源泉。

其次，马克思着重分析了形成价值的抽象劳动，深入地研究了劳动所具有的创造价值的特性，第一次解决了什么是价值，即价值的实体和本质的问题。所谓抽象劳动，就是"把生产活动的特定性质抛开，从而把劳动的有用性质抛开，生产活动就只剩下一点，它是人类劳动力的耗费……都是人的脑、肌肉、神经、手等的生产耗费"（《马克思恩格斯全集》第23卷，第57页）。正是这种抽象劳动形成了商品的价值，也就是说"商品价值体现的是人类劳动本身，是一般人类劳动的耗费"（《马克思恩格斯全集》第23卷，第57页）。

关于抽象劳动创造价值问题，并不是马克思的首先发明，在富兰克林的著作中曾提出抽象劳动创造价值的观点，他认为决定价值的不是某一特种形式的劳动，而是任何一种劳动。这样，他虽然没有意识到抽象劳动，但却实际上说出了抽象劳动。马克思说："富兰克林没有意识到，既然他'用劳动'来估计一切物的价值，也就抽掉了各种互相交换的劳动的差别，这样就把这些劳动化为相同的人类劳动，他虽然没有意识到这一点，却把它说了出来。他先说'一种劳动'，然后说'另一种劳动'，最后说的是没有任何限定的'劳

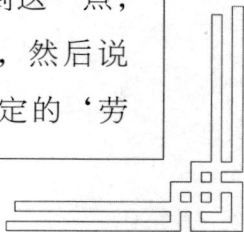

动'，也就是作为一切物的价值实体的劳动。"
（《马克思恩格斯全集》第 23 卷，第 65 页）

马克思分析了生产商品的劳动是具体劳动与抽象劳动的对立统一。这种对立统一主要表现在，劳动两重性的矛盾决定了使用价值与价值的对立运动。随着物质财富的量的增长，它的价值量可能同时下降，这种对立的运动来源于劳动的两重性。

劳动两重性的学说是马克思劳动价值理论的一个最基本的观点，是对经济学上一个最突出的贡献，是马克思的价值理论最突出的特点和优点，它为劳动价值理论奠定了坚实可靠的基础，为深刻揭示商品经济的内在矛盾以及其他重大经济理论问题提供了必要前提。

劳动在黑格尔那里是指人的抽象的精神活动；在古典政治经济学家那里，劳动不仅是指实在劳动，而且被看作是财富的源泉。

既然一切财富都要通过劳动获得，那么，财富就不是外在于人的东西，而是由人所决定的。而在此以前的重商主义和重农学派，包括早期的思想家们都没有意识到劳动对于财富的根本决定作用。

事实上，在马克思以前，劳动对财富的根本决定作用一直没有能够充分表现出来，它常被掠夺、贡赋、赐予、贱买贵卖和海外贸易等所掩盖，以为这些才是财富的来源。那时，即使有人把劳动作为财富的来源，也只是作为部分财富的源泉，而不是作为所有财富的源泉。

配第第一次明确了劳动对于财富的决定性的意义，但他把劳动分成两种：一种是生产货币财富的源泉，一种是生产实物财富的源泉。因此，他还未能在一般意义上把劳动当做财富的唯一源泉。

到了斯密，才实现了劳动的第一次完全抽象，而不是把具体劳动当做财富的源泉了。

斯密这一学说被李嘉图所继承和发展，成为古典政治经济学的根本。这一点成了李嘉图经济学中最有价值的思想。

从具体劳动中归纳出抽象劳动，是近代资本主义生产产生以后的事。它是在资本逐渐占据统治地位，成为社会的经济力量，在资本与劳动的关系成为支配其他一切关系的决定性关系情况下提出的。只有在这样的关系下，个人才能很容易地从一种劳动转到另一种劳动，而劳动的一定种

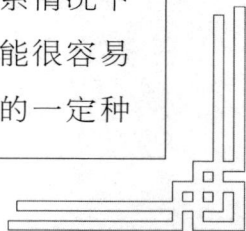

类对劳动者来说是完全无关紧要的。相对于资本来说，劳动成为普遍一般的劳动。这时，它才在观念上形成了抽象劳动的概念。

在以往的任何一个社会中，劳动都没有像在资本主义生产条件下那么清楚明了地在整个社会中表现出它的一般决定作用。实际上，在生产物最初成为商品时，劳动以及劳动者的关系就已经被人意识到。这在早期思想家有关定价的观念中已有所表现。尽管对财富的来源有种种不同的说法，但人们丝毫不怀疑在商品的交换中应当考虑劳动的因素，劳动即使不是主要的，但至少也与自然力一样在生产物的创造中发挥重要作用。因此，只要人们互相交换产品，它必然表现为劳动的交换，劳动也就必然地取得一定的社会性质。只是由于商品生产和商品交换规模、范围和方式的不同，在不同的时代，它表现出特殊的社会形式。

在资本主义商品生产产生之后，一切有用物都是为了交换而被生产，商品的有用性只有实现为交换性才能实现其有用性，生产物的交换性比起它的有用性才更为突出，因而劳动的社会性比起它的自然性及其有用性才更为明显。

　　在以往的社会中，由于商品生产不占主导地位，劳动的社会性尚不突出，因而劳动的自然性更受人关注。而在资本主义社会中，劳动的社会性就必然成为人们关注的核心。只有在这时，人们之间的相互关系才完全通过劳动，进而通过劳动生产物表现为普遍的社会的关系。因为劳动的社会性，使得一种特殊的有用的私人劳动与另一种有用的私人劳动的比较成为必要，否则就无法实现交换。不同劳动的比较必须在劳动中有可比较的对象，这样，只有抛开人类劳动的实际差别，找出它们的共同的东西，也就是共同的性质，比较才能进行。而在劳动生产物中，抛开了劳动的具体差别，剩下的就只有人类劳动的产物这一个特性，因而它是无差别的、抽象的人类劳动。每一个劳动生产物正因为凝结了一定的人类劳动，所以才可以相互比较，确定它的价值。而作为抽象劳动的表现，它还体现着一定的社会生产关系。

　　马克思在分析资本主义生产方式时，首先发现资本主义占统治地位的社会财富是商品。作为商品的财富与其他财富的不同之处在于它必须用于交换。

　　财富，不管是什么样的财富都具有满足人的

需要的效用。但一般的财富具有直接满足人的需要的效用，商品则必须通过交换才能实现满足人的需要的效用。

当财富直接满足人的需要时，它体现的只是人与自然的关系，而在商品实现它的交换时，它还体现了人与人的关系。而且只有通过交换关系，商品才能实现满足人的需要的效用，或者说商品满足人的需要的效用只有通过交换关系才能实现。只有在私有制的前提下，财富才以商品的形式出现，才使得财富必须通过交换关系满足人的需要。

其次，商品必须是劳动的产品。凝结在商品中的劳动一方面表现为具体劳动，它反映了在不同的商品体上体现的劳动的差异，如农产品和工业品都带有不同劳动的明显印记。

不同的劳动对商品体有不同的作用，不同的自然力也同样对商品体产生了一定的作用，参与了商品体的创造，如农产品体现了土地的作用，工业品体现了机器的作用等。

另一方面，它还必然地表现为抽象劳动，它反映出不同的商品体都是人力作用的结果，而不是纯粹自然力作用的结果。这既体现了商品体与自然物体以及其他非商品体的差别，又体现了一切商品体的共同性质。因此，从具体劳动的角度上说，人类劳动只是改变了物质的形式，而不是物质的内容，商品体就内容而言，仍旧是物；而从抽象劳动的角度上说，商品体之所以可以用于交换，采取商品的形式，就在于它们都是人力作用的结果，并通过交换体现出这种共同性，也就是都花了多少劳动。人类劳动的产物并不一定要成为商品，对于非商品的劳动生产物来说，它虽说也是人力作用的结果，但它却不能体现出人力作用的共同性。只有在交换中，商品彼此的交换关系才能体现出人力作用的共同性，即人类劳动的共同性。没有交换，也就没有比较，因而也就无所谓共同性。有了共同性才能比较，比出劳动量来，比出价值来。所以，只有在商品体中才体现了人类一般的抽象劳动，而在非商品体中就不能体现出抽象劳动，哪怕它本身是劳动的产物。

具体劳动是针对商品体作为物的客观内容来说的，形成这种商品体而不形成那种商品体，是因为具体劳动力的作用，也包括自然力的作用；抽象劳动是针对商品体采取商品的形式来说的，不同的劳动生产物之所以可用于交换，被称之为商品，是因为它们都是人力作用的结果，只是劳

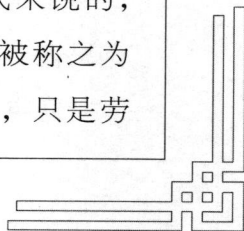

动量多少不同，而不管这种人力是什么样的人力，这完全是由交换的需要所决定的。

具体劳动说明的是为什么是这种商品而不是那种商品，而抽象劳动说明的是它们为什么是商品，有什么劳动量。前者体现了人与自然的关系，后者体现了人与人的关系。

基于以上的认识，马克思认为生产商品的劳动具有两重性，相对于商品的有用性即自然性来说，它是具体劳动，表现出劳动的差别性；相对于商品的交换性即社会性来说，它是抽象劳动，反映了劳动的共同性。马克思曾对恩格斯说："商品中包含的劳动的这种两重性，是首先由我批判地证明了的。这一点是理解政治经济学的枢纽。"

在这个问题上，古典政治经济学家都只看到了商品的具体劳动，而没有看到商品的抽象劳动。在他们的眼里，商品只是物，而没有看到这个物同时体现的人类的劳动关系，这使得他们在对商品的价值问题上发生了错误，无法把使用价值与交换价值，价值与交换价值真正分开。

由于在对生产商品的劳动认识上的突破，马克思在对商品的价值认识上实现了质的飞跃。

马克思在劳动价值理论中科学地分析了商品

的价值形式。

关于价值形式的问题，马克思在《资本论》第一卷中详尽地分析了价值形式的两极，即相对价值形式和等价形式，全面研究了价值形式的发展过程，论证了货币的起源和本质，揭示了商品内部使用价值和价值矛盾如何转变为商品和货币的外部对立，从而建立了科学的货币理论。

马克思科学地阐明了从商品的简单的、个别的或偶然的价值形式，到总的或扩大的价值形式，进而再到一般价值形式，最后到货币形式的发展过程。与此相适应，就是由个别等价物到特殊等价物，最后到货币的发展过程。马克思对价值形式发展的分析是以交换的历史发展为根据的。

马克思关于价值形式发展的学说是马克思的劳动价值理论的重要内容，他通过分析价值形式的发展进一步揭示了价值的本质，说明价值是一种社会生产关系，是商品的一种社会属性，它本身不能自我表现，只有通过与另一种商品相交换的办法，即通过价值形式才能相对地表现出来。因此，只有通过研究价值形式，才能完成对价值本身的研究。关于价值形式及其发展的理论，是马克思第一个进行分析和论证的。资产阶级经济

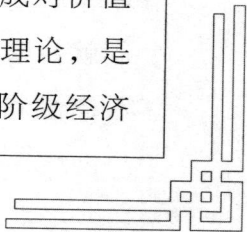

学家，包括古典政治经济学家在内，都没有进行过这方面的研究。他们有的根本就没有把价值和价值形式严格区别开来，而是把价值与交换价值混为一谈。

马克思还分析了商品价值量的决定问题。

关于商品价值量的决定问题，资产阶级古典政治经济学家曾作过不少分析，最早分析价值量的决定问题的是配第，后来的学者对价值量的研究基本上都是继承配第观点的。

配第认为商品的自然价格即价值是由生产商品所耗费的劳动决定的，他在《赋税论》中举例说："假如一个人在能够生产一蒲式耳谷物的时间内，将一盎斯白银从秘鲁的银矿中运送来伦敦。那么，后者便是前者的自然价格。"（《赋税论》第52页）配第由劳动时间决定商品价值量的观点出发，必然得出一条经济规律：价值与劳动量成正比，而劳动生产率与商品价值量成反比。他认为劳动生产率提高了，生产同一商品所必需的劳动时间就会减少，商品的价值就会降低；反之，劳动生产率降低了，生产同一商品所必需的劳动时间就会增多，商品的价值就会提高；劳动量是各种商品得以比较的基础。配第把不同种类劳动

（如生产白银的劳动和生产小麦的劳动）都还原为一般劳动时间而加以比较，这在历史上是第一次。

布阿吉尔贝尔不是有意识地，但事实上却已经把交换价值归结为由劳动时间决定。他认为通过自由竞争形成在各个特殊生产部门之间按正确比例分配的劳动时间，乃是价值的尺度。这就是说整个社会劳动应当依据正确的比例分配给各个生产部门，使生产和需求保持平衡。如果一个部门投入的劳动过多，这一部门生产出来的商品就多，市场上的价格就会下跌，过多的劳动就会从这一部门转移出去；反之，如果一个部门投入的劳动过少，市场上的价格就会上升，就会吸引一部分劳动转移到这一部门来。这样，通过自由竞争，各个部门就能按正确比例分配劳动，从而使真正价值由生产商品所耗费的劳动时间决定。

马克思从布阿吉尔贝尔能"用个人劳动时间在各个特殊产业部门间分配时所依据的正确比例来决定'真正价值'，并且把自由竞争说成是造成这种正确比例的社会过程"（马克思：《政治经济学批判》，《马克思恩格斯全集》第 13 卷，第 43—44 页），推导出关于社会必要劳动的第二种含义。

李嘉图对劳动量的问题作过大量的分析，他

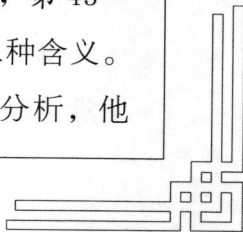

的观点后来直接被马克思所继承而加以发扬。在马克思看来，由于李嘉图不了解价值的本质，不懂得劳动的两重性，因此"他从来没有意识到，劳动的纯粹量的差别是以它们的质的统一或等同为前提的，因而是以它们化为抽象人类劳动为前提的"（《马克思恩格斯全集》第 23 卷，第 97 页，注 31）。也就是说，他们只笼统地说劳动创造价值，而不明确什么劳动创造价值，为什么会形成价值，怎样形成价值的，因此他们对价值量的分析是不充分的，不能提出价值量的科学定义。

在劳动价值量问题上，李嘉图能够把"商品价值由劳动时间决定"的理论贯彻到底，主要在于他排除了斯密关于价值规定性的二元论。李嘉图批判了斯密认为商品价值由购买到的劳动来决定的见解，坚持了耗费劳动决定价值的正确观点。

其次，李嘉图认为决定商品价值的决定量，不仅包括直接劳动，而且还包括间接劳动。他指出，任何产品包括生产资料在内都是劳动的结晶，它们在质上都是相同的，生产资料中的物化劳动和直接劳动一起决定商品的价值。

再次，李嘉图认为决定商品价值的劳动不是个别劳动，而是必要劳动，他所说的必要劳动是指在最不利条件下生产每单位商品所耗费的最大劳动。在价值量的分析上，李嘉图的必要劳动决定价值的原理直接被马克思所采用。不过，马克思所说的社会必要劳动是指平均劳动，但马克思的必要劳动概念无疑是从李嘉图的社会必要劳动的理论引申出来的。

李嘉图把不同种类的劳动在质上的差别归结为量的差别，认为简单劳动与复杂劳动的差别并不否定价值决定于劳动时间的原理，承认复杂劳动等于加倍的简单劳动。他指出在相同的劳动时间内简单劳动生产的价值较小，复杂劳动生产的价值较大。但是，李嘉图没有进一步分析为什么不同的劳动在同一时间所创造的价值是不同的。

马克思在《资本论》中运用他所创立的劳动两重性学说，研究了劳动形成价值的特性，第一次从根本上解决了价值的本质问题，并提出了关于价值量的定义，论证了社会必要劳动时间决定商品价值量的问题。

在《资本论》第一卷中，马克思首先回答了商品的价值量是如何计算的问题，指出"是用它所包含的'形成价值的实体'即劳动的量来计量"。

马克思认为劳动本身的量是用劳动的持续时

间来计量，而劳动时间又是用一定的时间单位如小时、日等作尺度。马克思说："决定商品价值量的，不是生产商品的个别劳动时间，而是社会必要劳动时间，即在现有的社会正常的生产条件下，在社会平均的劳动熟练程度和劳动强度下制造某种使用价值所需要的劳动时间。"这就是所谓第一种意义的社会必要劳动时间与商品价值量的决定关系，它反映了同一部门不同生产者之间在生产单位产品的劳动耗费上相互比较的关系。

以上几个方面是马克思《资本论》中关于劳动价值的主要内容，也是马克思对劳动价值理论上的伟大贡献，由于劳动价值理论某些方面得到科学说明，就为剩余价值理论的完成奠定了一定的科学基础，而剩余价值理论又是马克思主义政治经济学的核心。

剩余价值理论的完成是无产阶级政治经济学的创立和完成的根本标志，也是马克思和《资本论》的不朽功绩。

马克思的劳动价值理论的创立，是马克思花费大半生的精力所作出的科学发现，它的历史意义是多方面的，它使唯物史观从假设变为科学。

马克思一旦明确了人类历史的秘密隐藏在经

济领域之后，便用后半生的几乎所有时间研究政治经济学，创立了劳动价值理论，从而为唯物史观提供了科学依据。通过马克思在政治经济学方面的分析论证之后，唯物史观才被证明为科学。

马克思为无产阶级提供了思想武器。马克思的劳动价值理论一方面通过对资本主义雇佣劳动的分析，证明了人类社会的实践本质；另一方面又说明了无产阶级要想改变自身的命运，就必须改变资本主义的生产关系。正是这种生产关系，才使得工人不得不出卖自己的劳动力，无法获得真正的自由。只有通过对资本主义生产关系的根本改造，无产阶级才能获得彻底解放。一旦揭示出资本主义经济的本质，就必然会提出无产阶级的革命要求，这两者之间是相互统一的。

劳动价值理论是整个马克思的经济学的基石，马克思对资本主义经济的全部分析是以劳动价值理论为基础的。正是从劳动价值理论出发，马克思才能够从社会关系角度对资本主义的经济现象作出质和量的全面分析。

马克思还解决了李嘉图未能解决的问题。

李嘉图理论的两个不可克服的矛盾，不仅令李嘉图本人以及他的后继者感到烦恼和沮丧，而

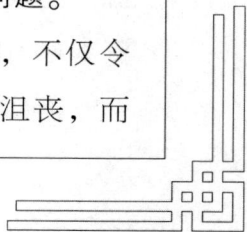

且也成了庸俗政治经济学家攻击劳动价值理论的口实。

对此，马克思不能坐视。

关于李嘉图理论的第一个矛盾的解决，恩格斯曾作过概括性的说明："以劳动力这一创造价值的属性代替了劳动，因而一下子就解决了使李嘉图学派破产的一个难题，也就是解决了资本和劳动的相互交换与李嘉图的劳动决定价值这一规律无法相容这个难题。"

由于李嘉图未能把劳动与劳动力区分开来，所以他把资本与劳动力的交换误当成了资本与劳动的交换，从而与他提出的劳动决定价值的规律发生了矛盾。

在马克思看来，劳动力不过是潜藏在人体内的劳动能力，劳动则是劳动力的使用过程。劳动不能用于交换，用于交换的只是劳动力。只有在资本主义条件下，劳动力才成为商品，它的使用价值是劳动，是价值的源泉。资本家购买的是劳动力，获得的却是劳动的使用权，而劳动创造的价值会大于劳动力本身的价值，剩余的价值就被资本家占有了。

李嘉图所说的资本与劳动交换，实际上是资

本与劳动力交换，它也遵循着价值规律，受市场供求的影响。

马克思的关于劳动力是商品的理论，不仅说明了资本对劳动是如何占有的，而且说明了资本为什么能占有劳动。只要资本主义的雇佣劳动制存在，这种占有就是不可避免的，工人一开始就处在不平等的关系中，摆脱不了受剥削的命运。工人的解放首先必须是劳动的解放，工人才能通过劳动的自由获得自身的自由。

李嘉图理论的第二个矛盾是价值规律如何同等量资本获得等量利润相一致。

李嘉图意识到了这个问题的存在，但他认为这只是例外，他解决的办法是对劳动价值理论进行修改。

马克思通过利润转化为平均利润，价值转化为生产价格，对此作出了正确的说明。

马克思认为起初在不同的生产部门由于资本有机构成不同或资本不同或资本周转速度不同，等量资本会获得不同的利润。但由于各部门之间的竞争，资本的利润率会逐渐趋于平均，马克思称之为平均利润率，按照平均利润率所得的利润就是平均利润。在通常情况下，商品价值是由生

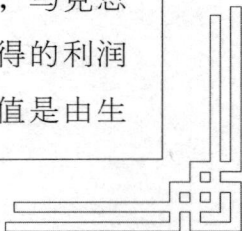

产成本剩余价值组成的，由于平均利润的形成，商品价值就转化为生产成本加平均利润，由生产成本和平均利润构成的价值，马克思称之为生产价格。价值向生产价格的转化，从表面上看与价值规律发生了矛盾，而在马克思看来它只是价值规律作用的形式发生变化而已。因为从全社会来看，平均利润总额与剩余价值总额、生产价格总额与价值总额是相等的，它们并没有违背价值规律的基本原则。

马克思通过对李嘉图理论的两大矛盾的完美解决，维护了劳动价值理论的科学性，揭示了剩余价值的真正来源和发生机制，为他的剩余价值理论奠定了理论基础。

剩余价值理论不仅表明了资本家在多大程度上占有了商品的价值，而且表明了资本家对工人劳动的占有关系。

通过从劳动价值理论到剩余价值理论的发展，马克思揭示了资本主义本质，说明资本主义社会是通过对物的占有实现对人的占有，因而平等与合理只是表面的，不平等与不合理才是它的实质，这是劳动价值理论的现实意义所在。

马克思的劳动价值理论反映了这样一个历史

事实，即人们之间的关系不是表现为直接的关系，而是表现为物化的社会关系，是通过商品生产和交换实现的社会关系。这种人与人的社会关系借助一定的物与物的关系表现出来的现象，是随着商品生产和交换的出现而产生的，到资本主义社会达到了最为普遍和最为典型的阶段，人的关系表现为物的关系，这是人类历史发展到一定历史阶段的必然产物。为此，马克思研究政治经济学时不止对商品加以简单的说明，而是揭示了暗藏着的资本主义社会生产关系的本质和规律。

通过政治经济学，马克思清楚地描述了一幅人类图景，说明了人类社会为什么是一个自然历史的过程。在资本主义社会中，人与人的关系不仅是客观的关系，而且是通过物与物的关系表现的。只有人类社会发展到一定的历史阶段，人的关系将表现为直接的社会关系，而不再通过物的关系表现出来。这时，人才能获得真正的自由和解放。

马克思的劳动价值理论包含着的对物以及社会的辩证理解，即在肯定的理解中包含着的否定的理解，发展的理解，其本身就具有对现实的批判功能，它是以社会发展规律为依托的。

劳动价值理论表明在资本主义商品经济社会中，经济价值在任何时候所表现的都是不平等的社会现象。在商品经济条件下，经济价值上的不平等使得政治价值、文化价值等都不可能平等。

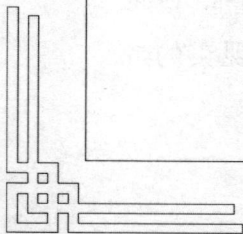

九、马克思的劳动价值理论过时了吗

马克思的劳动价值理论是用来剖析资本主义制度的，对于社会主义已经过时了吗？马克思主义理论是革命的理论，搞社会主义建设还用得着吗？这是目前在讨论马克思劳动价值理论时，人们存在的较多的疑虑。

马克思的劳动价值理论不仅是指导无产阶级进行革命的理论，而且也是指导我们进行社会主义建设的理论。在社会主义条件下，劳动价值理论仍有伟大的现实意义。

马克思的劳动价值理论的实践价值是极其伟大的，它曾在一百多年时间里成为动员全世界无产阶级进行阶级斗争和武装革命的思想武器。

马克思的劳动价值理论启迪了整整几代被压迫的无产阶级的思想，催他们组织起来，为自己的阶级利益同资产阶级展开艰苦的斗争。如果没有《资本论》和马克思的劳动价值理论，工人联合成一个有组织的阶级进行政治斗争及其国际性的革命，以及建立无产阶级国家政权的实践，也许还要在漫漫长夜中探索。

自从马克思劳动价值理论诞生一百多年来，人类社会发生了翻天覆地的变化，但当代经济生活并未超出劳动价值理论涵盖的范畴，反而为劳动价值理论提供了更加广阔的应用空间。

在当代中国，马克思劳动价值理论不仅是进一步完善社会主义市场经济体制的理论基础，而且是大力发展科学技术的理论依据。它不仅为合理调整收入分配关系提供了重要指导，而且成为牢固树立以人为本的价值观的思想源泉。

马克思劳动价值理论深刻阐释了商品经济的本质和运行规律，赋予了活劳动在价值创造中的决定作用，并由此奠定了剩余价值理论的基础。

马克思劳动价值理论在人类经济学说史上具有重要的理论价值和历史地位，尤其是在当代中国飞速发展的市场经济条件下，出现了许多不同于马克思时代的新情况和新特点。为此，有必要结合现实问题加强对马克思劳动价值理论重要价值与当代意义的认识。

马克思劳动价值理论创立一百多年后，当代世界经济结构和中国社会现实都发生了重大变化。人类已经进入信息社会和知识经济时代，科学技术的发展特别是计算机的普及创造出新型的生产工具，使人类的生产方式、生活方式和思维方式发生了革命性的变革，生产工具的发展使现代经济呈现出全新的生产模式。

在这种新变化中，一个引人注目的现象是人力资本在经济增长中的作用超过了物质资本，人的劳动形态由此而发生了三个方面的改变：一是随着现代高新技术的发展，人类生产由以体力劳动为主转为以脑力劳动为主；二是管理劳动在规模和作用上都有了大幅度提高，这种对生产进行科学组织与管理的劳动同样是一种高级的脑力劳动；三是伴随着现代科学技术和社会分工的发展，以第三产业为主的服务劳动在社会生产中占了越来越大的比重，并逐渐成为社会经济发展的重要推动力量。在社会产品中，活劳动所占的比重越来越低，物化劳动的比重在逐渐增加。知识、信

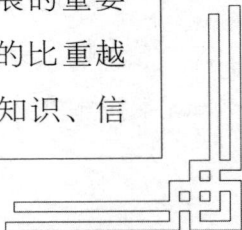

息、科技等日益成为独立的生产要素，发挥着重要的作用。总之，与马克思创立劳动价值理论的时代相比，现代劳动的内涵与形态所发生的巨大变化引发了人们对劳动价值理论的种种疑问。这时，只有对现代劳动形态下劳动创造价值的机理以及资本、管理、技术等生产要素与劳动创造价值的关系作出深入分析，才能从根本上消除人们对马克思劳动价值理论的误解。

马克思劳动价值理论的核心思想是活劳动创造价值。在马克思劳动价值理论中，活劳动是指在生产过程中劳动者体力和脑力的支出，而物化劳动则指包含着过去劳动的各种各样的生产资料。马克思认为，在价值形成的过程中，活劳动是创造价值的唯一源泉，其他生产要素不创造价值，作为生产要素的物化劳动只能依靠活的具体劳动转移价值，其本身并不增加价值量。而且，这些物化劳动在转移自身价值时，也需要通过具体劳动来实现。尽管在现代市场经济条件下，科学技术的迅猛发展极大地提高了劳动生产率，优化了资本的有机构成，促使不变资本在产品中的比重大幅上升，但是，科学技术并不创造价值，先进技术和先进设备是人类活劳动的结果，而不是人类活劳动本身，因此，它自身并不能创造价值。在商品生产中，新技术和新知识进入劳动过程，但不进入价值形成和价值增值过程。这就是说不是新技术、新知识本身在创造价值，而是掌握和运用了新技术、新知识的劳动者把人类的简单劳动变成了复杂劳动，而复杂劳动是自乘的或倍加的简单劳动，在相同的时间内可以创造更多的价值。总之，劳动创造价值的形态发生变化并不意味着劳动创造价值的本质发生变化，因为劳动价值形态变化的根本原因是人类劳动创造性的提高，而不是非劳动生产要素也开始创造价值了。

在当今社会，知识经济越发展，人在价值创造中的作用越大，因为具有更高创造性的科技劳动必然能够创造更高的价值。目前，世界各国加大了对各种高素质人才引进的力度，其原因就在于人才资源是第一资源，由此也印证了马克思关于活劳动是价值创造的唯一源泉理论的科学性。

马克思劳动价值理论诞生虽已超过一百多年，但在今天仍有现实意义：

马克思在西方古典政治经济学劳动价值理论的基础上，运用历史唯物主义的思想方法，阐述了价值来源于劳动的科学理论。马克思劳动价值

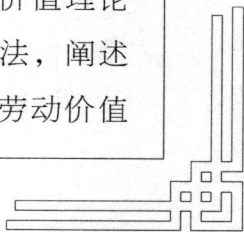

理论所揭示的商品生产、商品交换和市场经济发展的客观规律不仅适用于资本主义市场经济，而且适用于社会主义市场经济。劳动价值理论所阐述的商品经济规律为商品生产与经营制定了行为准则。商品生产存在的条件是社会分工和产品的私人劳动性，商品生产者要想获得生存与发展，必须使生产商品的个别劳动时间低于社会必要劳动时间，这就要求生产者努力去改进技术，缩短社会必要劳动时间，不断提高劳动生产率，在增加产品数量的同时提高产品质量。此外，劳动价值理论还揭示了商品经济的根源，只要人类社会还存在着社会分工，存在着各个企业自身的利益，就一定存在商品生产和商品交换，这使社会经济自然地发展成一种商品经济。如果按照价值转化为价格的理论，商品的价值要转化为价格就必须依靠市场，即价值只有在商品流通的过程中才能实现。因此，在经济社会发展过程中，努力建设有序的市场环境，对于企业的正常生产和运营以及商品经济的健康发展都是至关重要的。

马克思劳动价值理论要求各种商品生产和交换以价值量为基础，遵循价值规律的客观要求，充分发挥市场机制的作用。而一个有序的市场环境至少应当具备两个必要条件：一是在商品交换中充分体现价值规律，严格实行等价交换的原则；二是要拥有比较完善的商品市场，建立完备的市场体系。因此，为了发展社会主义市场经济，我们必须在马克思劳动价值理论指导下，严格依据市场经济的运行规律，在社会主义商品生产的实践中进一步完善社会主义市场经济体制。

马克思指出，商品的价值量是由生产商品的社会必要劳动时间决定的，与体现在商品中的劳动量成正比，与这一劳动的生产率成反比，而超额价值则与劳动生产率成正比。由于生产力特别高的劳动起了自乘的劳动的作用，或者说，在同样的时间内，它所创造的价值比同样社会平均劳动要多，因此，企业为了获得更大的生产利润，必然要不断地改进生产技术，加强劳动管理，提高生产效率，从而获得超额的价值。所以，生产者在经济活动中会十分重视科学技术的巨大效用。

在马克思劳动价值理论中，尽管是以简单劳动作为研究商品价值的基本劳动形态，但马克思对含有科学技术因素的复杂劳动也作了深入研究和充分肯定。马克思说科学技术是生产过程中的独立要素，与生产力中的各个要素密切相关。同

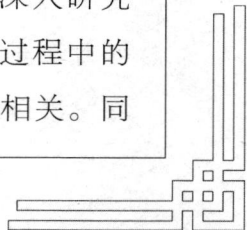

时，他在阐述商品价值量的决定因素时指出，劳动生产力是由多种情况决定的，其中包括工人的平均熟练程度，科学的发展水平和它在工艺上应用的程度，生产过程的社会结合，生产资料的规模和效能，以及自然条件。可以说，在决定劳动生产力的诸多因素中，许多都直接或间接地与科学技术相关。由于商品生产和市场经济是一种具有激烈市场竞争的经营活动，面对各种各样的生存与发展压力，商品生产者必须在生产中积极追求科技进步，提升产品的科技含量，采用先进的科学技术武装劳动者，以提高他们的劳动技能，同时努力改进生产技术和经营管理水平，大幅度提高劳动生产率。总之，伴随着科学技术的发展，复杂劳动在社会总劳动中所占的比例越来越大。如果在马克思劳动价值理论的指导下，大多数商品生产者在生产和社会活动中努力提高科技意识，就会带动整个国家的科技进步，并促进全社会科技水平的提高和生产力的发展。

根据马克思的观点，收入分配制度是由生产关系的性质决定的，而劳动价值理论不是形成收入分配制度的直接依据。如果以劳动价值理论为理论支撑来探讨收入分配问题，实际上会混淆价值创造与价值分配的关系，但这并不意味着价值分配与价值生产没有任何关系。按照马克思劳动价值理论的观点，活劳动是创造价值的唯一源泉，尽管物化劳动是创造价值不可或缺的重要条件，但它们在劳动过程中只能转移自身的价值，并不能直接形成新的价值。因此，在建立一定的收入分配制度时，应当充分尊重和维护创造价值的劳动者的权益，劳动者不仅应当通过劳动的付出来获得必要的产品，而且还应当参与其他产品利润的分配。

当前，随着经济的飞速发展，劳动形态与价值形成都发生了深刻变化，科技劳动、管理劳动、服务劳动早已超出了传统意义上的体力劳动的范畴，在社会生产中占有越来越大的比重，并逐渐成为经济社会发展的重要推动力量。在这种现实情况下，按劳分配依然是社会主义社会的基本分配原则，但按生产要素分配也成为市场经济条件下社会公认的分配原则。在中国目前所实行的社会主义市场经济体制中，必须把两种分配制度有机结合起来。在社会主义市场经济条件下，制定与调整分配政策的重心应当始终放在尊重和维护劳动者的利益上。如果为了调动生产要素所有者

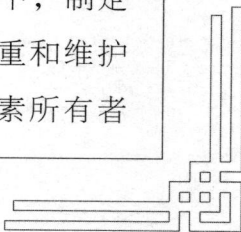

的投资积极性，过分倾向于按生产要素进行分配，造成劳动收入与非劳动收入的严重失调，扩大不同社会阶层之间收入的差距，加剧贫富分化，是不合理的行为。为此，必须坚持以马克思劳动价值理论为指导，深入分析和解决这些问题，让人民群众充分认识到劳动在生产中的主导作用。劳动是价值创造的唯一源泉，在实际分配中理顺劳动收入与非劳动收入的关系，既贯彻以按劳分配为主的分配原则，又允许生产要素按贡献大小参与分配，适当调整高薪阶层的收入，扩大中等阶层的收入，大幅度提高低保阶层的收入。只有这样，才能充分调动广大劳动者的生产积极性，化解社会矛盾，协调各社会阶层之间的关系，从而真正构建社会主义和谐社会。

马克思认为，人类历史是在一定的社会形式中由劳动展开的历史，整个所谓世界历史不外是人通过人的劳动而诞生的过程。马克思劳动价值理论不仅为剩余价值理论奠定了坚实的理论基础，而且明确了活劳动在价值创造中的决定作用。马克思劳动价值理论区分了死劳动与活劳动在价值创造不同阶段的含义，表现出对活劳动的格外关注。承认活劳动创造价值，实际上就是对劳动者的社会认可。因此，关注活劳动创造价值这一事实本身，就是对人的价值的承认。

马克思劳动价值理论的一个重要理论特征，就是在充分承认非劳动生产要素的作用的基础上，突出强调人的劳动的作用。马克思明确指出劳动者是社会及生产劳动过程的主体。

马克思劳动价值理论把商品经济中隐藏得很深的价值，从与其相关联的因素和条件中剥离出来，在复杂的生产过程中强调人的创造性活动，在各种复杂的经济因素中明确了人的创造性这一经济发展的动力源泉，显示了马克思劳动价值理论以人为本的鲜明特征。这对于我们今天坚持以人为本的价值观和发展观具有重要的指导意义。

当前，我们努力践行的以人为本的价值观是历史唯物主义的一项基本原则，是科学发展观的核心。

现实社会中，出现了某些收入分配不公、拖欠农民工工资、歧视社会弱势群体等社会现象，其根本原因是忽略了马克思主义基本思想的指导。为此，加强对马克思劳动价值理论的研究，重视人的劳动，是有益于解决这些发展中出现的问题的。

综上所述，马克思的劳动价值理论在当前仍有指导意义，并没有过时。

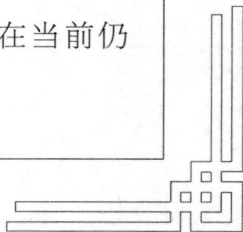

MA LIE ZHU YI CHANG SHI GONG MIN DU BEN

参考文献

［1］（德）赵治源著，饶轩等译：《新劳动价值理论》，中山大学出版社，1994 年 6 月第一版。

［2］柳欣：《资本理论——价值·分配与增长理论》，陕西人民出版社，1994 年 10 月第一版。

［3］白暴力：《价值与价格理论》，中国经济出版社，1999 年 1 月第一版。

［4］李仁君：《价值理论》，中央文献出版社，2004 年 12 出版。

［5］《资本论现代教程》，清华大学出版社，2009 年 3 月第一版。

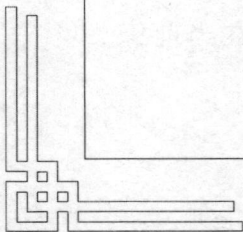